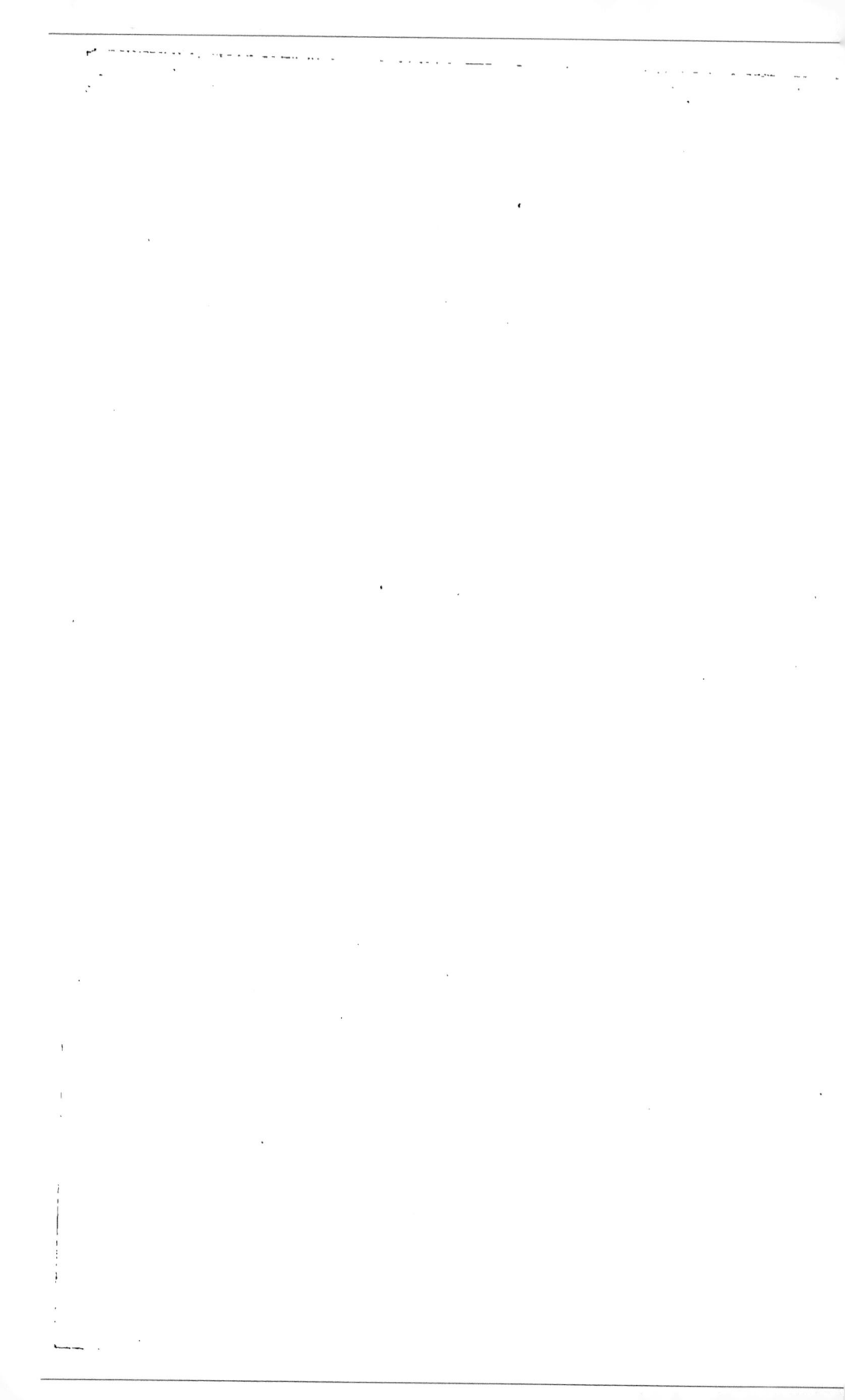

HISTOIRE

DE LA VILLE

DE LA ROCHE

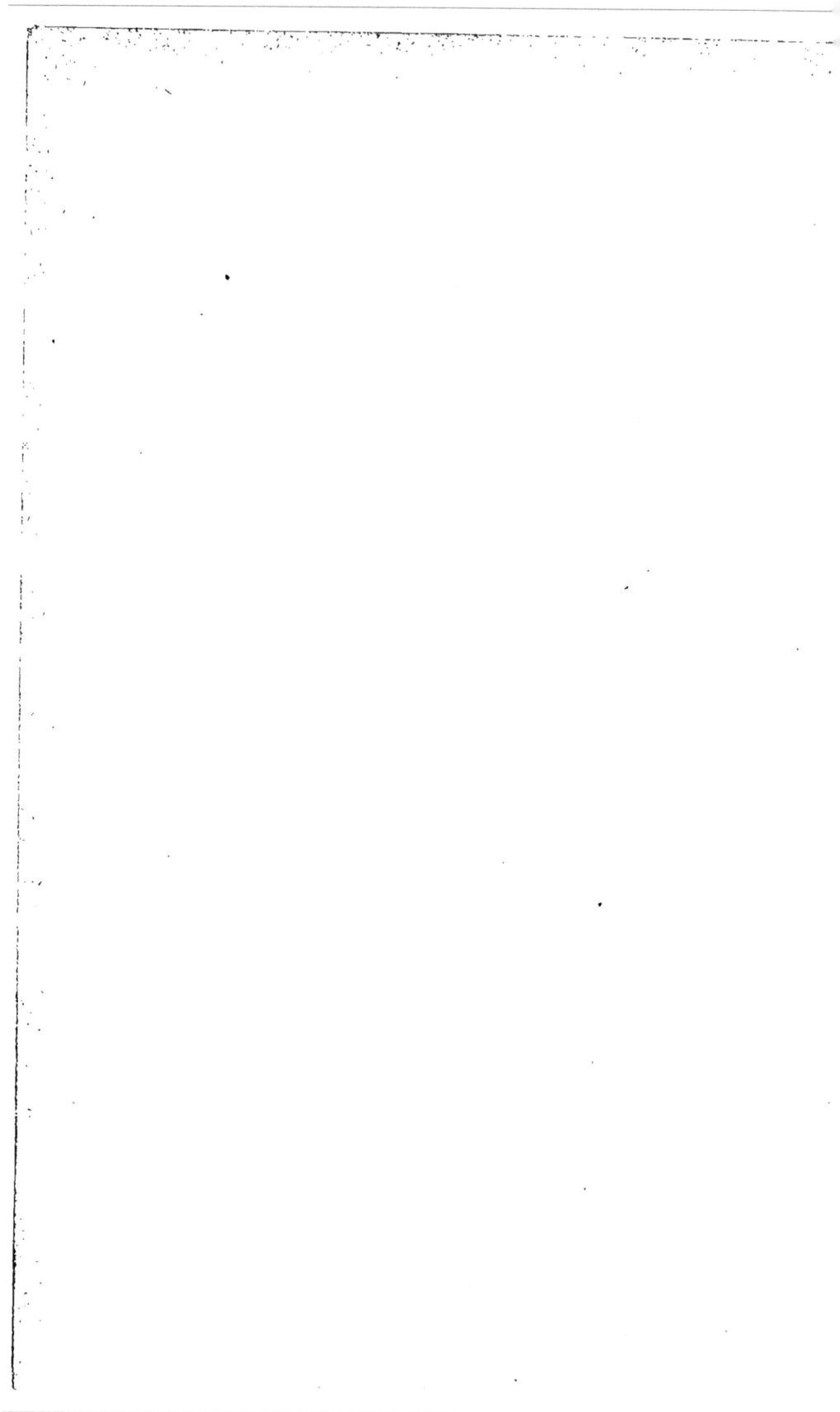

HISTOIRE

DE LA VILLE

DE

LA ROCHE

contenant

LES PRINCIPAUX ÉVÉNEMENTS ARRIVÉS DEPUIS SA FONDATION
EN L'AN 1000 JUSQU'A PRÉSENT

Par M. GRILLET

Chanoine de l'insigne Eglise Collégiale de La Roche, Professeur et Préfet
du Collége Royal de Carouge, et pensionné de SA MAJESTÉ.

---✧✧✧---

ANNECY

RÉIMPRIMÉ PAR L. THÉSIO

SUR L'ÉDITION DE 1790

—

1867

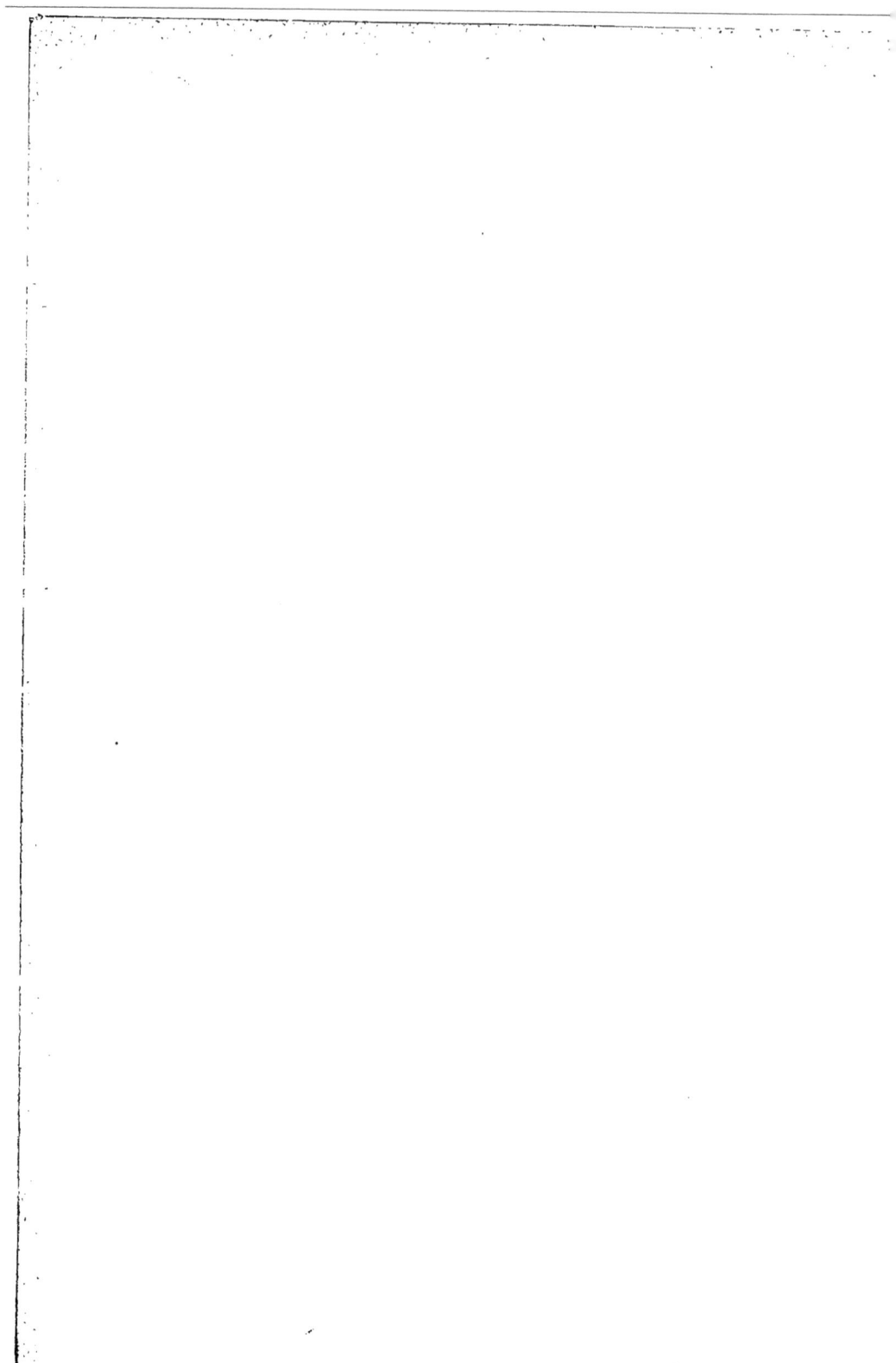

NOTE PRÉLIMINAIRE

Bien peu de petites villes ont eu, comme La Roche, l'inappréciable avantage de donner le jour à un historien aussi passionné pour sa province et pour sa ville natale que l'était le chanoine Grillet. Littérateur et savant, il a consacré une partie de sa vie à écrire l'histoire de son pays. Son principal ouvrage, que l'on conserve comme un trésor dans toutes les bibliothèques de la Savoie et de Genève, est le *Dictionnaire historique des départements du Léman et du Mont-Blanc.* Il a écrit, en outre, d'autres livres en français et en italien. Celui qui nous intéresse le plus est un petit volume, publié en 1790, dans lequel il a réuni tous les documents qu'il a pu se procurer concernant l'histoire de La Roche. Cet ouvrage, intéressant pour toutes les familles rochoises, est à la veille de disparaître, car il n'en existe plus, à La Roche du moins, que cinq ou six exemplaires : c'est à tel point que nombre de nos compatriotes ne savent pas même que le chanoine Grillet a écrit l'histoire de leur ville.

Faire renaître ce monument de notre histoire, c'est à la fois rendre un témoignage de reconnaissance à la mémoire de l'auteur, et correspondre à son intention, qui certainement n'a pas été de faire un travail inutile pour nous. C'est là le but qui nous a fait prendre l'initiative d'une réimpression.

Nous y avons ajouté : 1° les notes manuscrites que l'auteur lui-même a mises en marge de quelques pages de l'exemplaire qu'il possédait, exemplaire qui est aujourd'hui entre les mains de M. Arestan Auguste ; 2° quelques extraits du *Dictionnaire historique*, publié en 1809, soit 19 ans après l'*Histoire de La Roche*, contenant quelques renseignements qui ne se trouvent pas dans celle-ci ; 3° des notes relatives aux faits postérieurs, qu'il nous a paru utile d'insérer et qui reportent cette histoire à l'année 1860 : nous nous sommes arrêtés à cette date, parce que les faits trop récents n'ont aucun intérêt pour le lecteur.

Notre but n'a pas été de faire une histoire complémentaire, et, comme on pourra le voir, nous laissons le champ libre à plus habiles que nous.

Nous prévenons le lecteur que Grillet écrivait pour les habitants de La Roche *seulement,* ce qui explique quelques détails familiers et quelques expressions *locales* que l'on rencontre dans son ouvrage. Nous le prévenons également que nous avons suivi la même voie dans nos notes, qui ne sont écrites que pour nos concitoyens.

Cette réimpression sera éditée par M. Louis Thésio, rédacteur du *Mont-Blanc,* qui a bien voulu nous prêter son concours, et tout le bénéfice, pouvant résulter de la vente, sera versé dans la caisse de la Société philanthropique de La Roche, pour l'aider à compléter sa bibliothèque.

La Roche, 4 mai 1867.

A. ARESTAN.   E. PELLOUX.

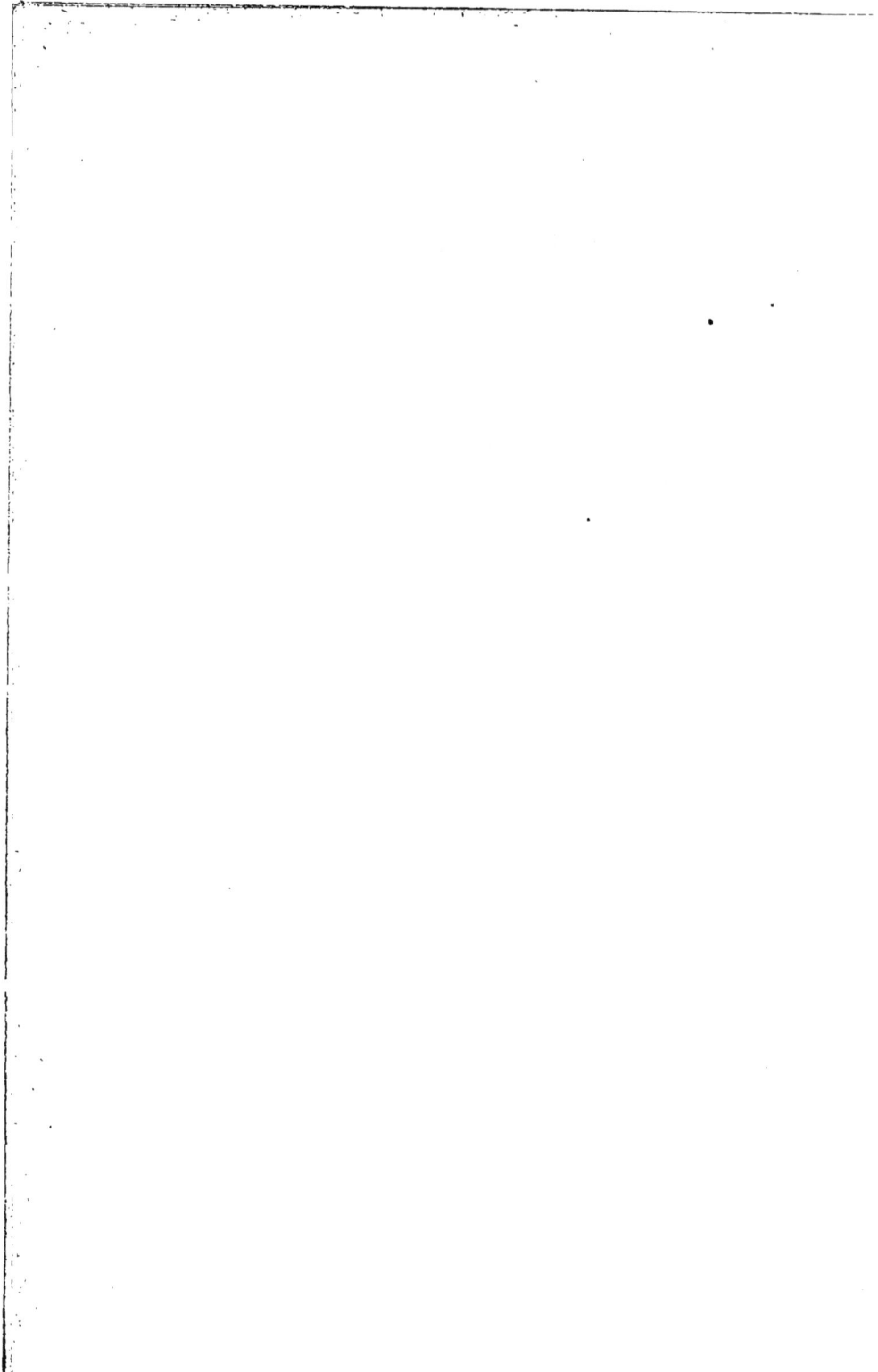

BIOGRAPHIE

DE

JEAN-LOUIS GRILLET

———~wwwww———

Grillet (Jean-Louis), savant et laborieux écrivain, chanoine de La Roche, en Savoie, naquit dans cette petite ville le 16 décembre 1756. Après avoir terminé ses études avec la plus grande distinction, et exercé fort peu de temps les fonctions du ministère pastoral, il présenta, pour la formation du collège de Carouge, un plan fondé sur un système de tolérance religieuse, qui permettait d'admettre aux mêmes études les catholiques, les protestants et les juifs.

La situation de la nouvelle ville de Carouge, bâtie sur les limites du territoire de la république de Genève (à laquelle on vient de la réunir en 1816), semblait exiger un pareil arrangement.

Le plan du chanoine Grillet fut adopté ; et, en

1786, il fut nommé directeur de ce collége, professeur de rhétorique, et préfet des études.

Le voisinage de la Bibliothèque publique de Genève lui fournit l'occasion de recueillir beaucoup de notes sur l'histoire littéraire de la Savoie, qui fut dès lors l'objet principal de ses recherches. La Révolution l'ayant obligé, ainsi que la plupart des prêtres de ce pays, de chercher un asile en Piémont, il fut chargé de l'éducation de MM. Provana de Colegno, fit avec ces deux jeunes seigneurs le voyage de Rome et de l'Italie méridionale, et acquit des connaissances étendues dans les arts et dans l'archéologie. Il y fut reçu membre de l'Académie italienne, et associé correspondant de la Société des *Geogofili* de Florence.

Rentré en Savoie après treize ans d'exil, il fut nommé directeur-adjoint de l'école secondaire de Chambéry en 1806, et professeur de philosophie en 1807 ; il fut appelé trois ans après aux fonctions de censeur du lycée de Grenoble, puis à celles de principal du collége d'Annecy, que le délabrement de sa santé ne lui permit pas d'accepter : il se retira dans sa ville natale où il mourut le 11 mars 1812, vivement regretté des nombreux amis que lui avaient faits l'aménité et l'obligeance de son caractère, la variété de ses connaissances, et sa fidélité constante aux devoirs

de son état. Pendant son émigration, l'abbé Grillet ne cessa de continuer la recherche des matériaux de son grand ouvrage : il avait tiré des notes
précieuses d'archives et de bibliothèques aujour-
d'hui détruites; il y mit la dernière main après
son retour, et le publia par souscription sous ce
titre : *Dictionnaire historique, littéraire et statis-
tique des départements du Mont-Blanc et du Léman, contenant l'histoire ancienne et moderne de
la Savoie et spécialement celle des personnes qui,
y étant nées ou domiciliées, se sont distinguées par
des actions dignes de mémoire, ou par leur succès
dans les lettres, les sciences et les arts;* Chambéry,
1807 ; 3 vol. in-8°. L'ouvrage est rangé par ordre
alphabétique de noms de lieux ; et après une
courte description, il donne par ordre chronologique, sous chaque localité, la notice des personnages plus ou moins remarquables dont elle est
la patrie ou le domicile. Ceux dont on ne connaît
pas le lieu de naissance sont renvoyés à la capitale de la province : aussi l'article Chambéry
en contient-il cent dix-neuf, Annecy quarante-
trois, et la totalité de l'ouvrage, environ sept cent
soixante. Cette multitude de personnages obs-
curs, auxquels M. Grillet semblait vouloir attri-
buer une espèce de célébrité, en y admettant un
assez grand nombre d'hommes vivants, excita de

vives critiques. On ne réfléchit pas que l'auteur ne prétendait point en faire autant de grands hommes ou de personnages illustres, et qu'une biographie purement locale, comme l'histoire particulière d'une ville ou d'une province, doit tout comprendre, afin que les biographies plus générales aient à choisir en y puisant leurs matériaux. Nous pensons donc que, malgré quelques doubles emplois, quelques omissions, de nombreuses inexactitudes et des fautes typographiques assez graves, cet ouvrage n'en est pas moins un recueil précieux, où l'on trouve des choses curieuses qu'on chercherait vainement ailleurs.

L'*Introduction* surtout, qui occupe plus de deux cents pages du tome Ier, offre un morceau historique absolument neuf et d'un grand mérite.

On a encore de l'abbé Grillet : 1° *Eléments de chronologie et de géographie adaptés à l'histoire de Savoie;* Chambéry, 1788 ; in-8° ; bon abrégé à l'usage des colléges ; 2° *Histoire de la ville de La Roche, depuis sa fondation en l'an* 1000 *jusqu'en* 1790 ; Genève, 1790 ; in-8° ; 3° *Osservazioni economico agrarie sulla preparazione delle canapi per tessere tele e pannelli fini* ; Florence, 1802 ; in-8° ; 4° *Sagio sopra la storia degli zodiaci et degli anni dei popoli antichi, per servire de regola à chi vuole giudicare le scoperte che si dicono fatte recentemente in Egitto;* ibid., 1805; in-8°; 5° *Un éloge de Saussure,* et d'autres morceaux insérés dans le *Recueil de l'Académie italienne de Florence.*

Il a laissé en manuscrit : *Une histoire généalogique de la maison de Sales;* 1792; in-4°; un *Recueil de Mémoires et de Titres intéressants pour servir à l'histoire du diocèse de Genève;* 1792; deux volumes in-folio, etc. Voyez la *Notice nécrologique* insérée, par M. G.-M. Raimond, dans le *Journal du Mont-Blanc* du 27 juillet 1812, IVe année, n° 30.

C.-M. P. (C.-M. Pillet.)

Extrait de la *Biographie universelle,*
vol. XVIII, pages 491, 492 et 493.

HISTOIRE

DE LA VILLE

DE LA ROCHE

Contenant les principaux événements arrivés depuis sa fondation en l'an 1000 jusqu'à présent (1).

DISCOURS PRÉLIMINAIRE

—

Personne ne saurait être surpris de trouver beaucoup d'obscurité et de lacunes dans l'histoire des petites villes qui doivent leur origine aux abus du système féodal. Dans ces temps barbares, les connaissances littéraires étaient peu communes; l'on n'avait nul goût pour transmettre par des inscriptions et autres monuments stables les événements contemporains. Les moines furent les seuls qui conservèrent les chartes qui attestent l'existence des Souverains et les pieuses libéralités dont ils comblaient leurs monastères: ces monuments sont presque les seules ressources qui nous restent pour

(1) 1790. — A. P.

débrouiller le chaos des chroniques mensongères, et pour marcher avec quelque sûreté au milieu de tant de ténèbres. Dans les lieux où les moines ne furent point établis, la connaissance de l'histoire des dixième et onzième siècles devient encore plus difficile et plus obscure : loin de conserver les anciens titres, la plupart des hommes ne pensaient qu'à se détruire par des guerres continuelles, pour la possession d'un monticule, d'un mauvais château et de quelques hommes-liges : les incendies fréquents, les incursions des Genevois et des Bernois pendant le seizième siècle, qui s'emparèrent de la plupart des archives des anciennes églises du pays, augmentent encore les nuages épais que l'ignorance n'avait déjà que trop répandus sur la connaissance de l'histoire des siècles précédents.

Les Mémoires historiques de Pierre Saillet, notaire et secrétaire de la ville de La Roche, auraient été un excellent guide pour connaître les événements qui sont arrivés dans cette ville ; il avait dressé en 1573, par ordre du Conseil, un recueil de toutes les chartes conservées dans l'archive publique ; la connaissance qu'il avait de celles des plus anciennes Maisons du Duché, fit qu'il orna son ouvrage de notes curieuses et intéressantes, dont il ne nous reste plus rien, que ce que Charles-Auguste de Sales, évêque de Genève, en a conservé dans le *Pourpris historique* de sa Maison. Les chartes même sur lesquelles il avait travaillé n'existent plus dans l'archive de ville, et c'est avec bien de la peine que nous avons pu avoir connaissance de celles que nous citerons.

Les archives de la Collégiale et les terriers du château de La Roche sont les seules ressources que nous ayons pu consulter ; mais les titres qui y sont contenus ne remontant pas au-delà du douzième siècle, l'on s'est vu dans la nécessité de ne rapporter jusqu'à cette époque que les faits épars que l'on trouve dans les Auteurs que nous aurons soin de citer avec exactitude.

L'idée de s'occuper de l'histoire d'une aussi petite ville que La Roche, dont la population, y comprise celle de sa banlieue, ne monte qu'à environ trois mille âmes, pourra paraître singulière et frivole ; mais si elle peut l'être pour les étrangers qui n'ont aucun rapport à cette ville, elle doit au moins intéresser ses habitants ; c'est pour eux seuls que nous écrivons cette histoire, et que nous publions des événements qu'ils ignorent et que nous avons trouvés enfouis avec des tas de paperasses sans ordre dans des archives poudreuses. Quand même les faits que nous faisons connaître ne tendraient pas à éclaircir les rapports qu'ils ont avec l'histoire générale du pays, la connaissance des mœurs, des usages des temps éloignés, et particulièrement de ce qu'ont fait nos ancêtres, invite à fonder l'origine de leur habitation et à rechercher tout ce qui peut l'honorer. Le bien-être d'un lieu que l'on habite est d'une espèce si relevée, que l'on ne saurait s'y intéresser sans en

aimer l'histoire, et sans se livrer avec une sorte de
passion à la croyance de tout ce qui peut l'illustrer :
la raison en est écrite au fond de tous les cœurs ;
elle nous inspire à tous l'utile curiosité de connaître
nos prédécesseurs, d'étudier leurs vertus patriotiques
pour les imiter.

Outre le désir de faire connaître aux habitants de
La Roche les révolutions que leur patrie a éprouvées,
une expérience de dix ans m'a prouvé de la manière
la plus évidente que presque tous les procès qui ont
existé entre la Communauté, le Chapitre et le seigneur marquis de La Roche ont eu leur source dans
l'oubli total de plusieurs faits absolument ignorés, et
que bien souvent l'on se disputait des droits, des
priviléges dont on s'était départi par des transactions, ou qui étaient contraires à des titres revêtus
de tous les caractères de la plus grande authenticité
dont on ignorait même l'existence.

Je m'estimerais très heureux, et je croirais avoir
rempli le plus doux des devoirs envers ma patrie, si
la connaissance que j'ai des différents droits et priviléges des Corps de cette ville pouvait, en les publiant,
prévenir dans la suite des querelles et des divisions
que toute personne qui aime la paix publique doit
chercher à étouffer jusque dans son principe. Mais
avant que d'entrer dans aucun détail historique,
j'ose présumer que le lecteur sera charmé de connaître quelle était la situation ancienne de La Roche,
la nature de son sol et de son commerce.

Description de la Ville de La Roche.

La ville de La Roche est bâtie sur le penchant de la colline qui termine les *Bornes* du côté du nord (1); elle est à trois lieues au nord-est de Genève, et à quatre au nord d'Annecy. L'origine du nom de cette ville vient d'une masse informe de rocher, sur lequel est bâtie la tour principale de l'ancien château des comtes de Genève. Le sol de ses environs est assez bien cultivé, le terrain y produit toutes sortes de grains et de fruits, et les campagnes qui l'entourent, vues depuis la terrasse des sieurs Dard, présentent un coup-d'œil riant et des lointains très pittoresques et très variés. On a découvert dans ses environs des couches de charbon fossile, mais si minces que l'on n'a pas été tenté de les exploiter. Les masses de pierres calcaires éparses çà et là, depuis Saint-Laurent jusqu'à l'extrémité de la paroisse de Saint-Romain, annoncent au naturaliste observateur que le sol des environs de La Roche a remplacé quelque montagne calcaire écroulée par un événement inconnu; la quantité de rochers épars, leurs couches sans ordre et sans forme régulière fortifient cette conjecture, laquelle paraît démontrée si on parcourt

(1) C'est à tort que l'*Itinéraire Joanne*, l'*Album de la Haute-Savoie*, l'ouvrage illustré *Nice et Savoie*, etc., etc., disent que La Roche est située aux pieds de la colline de Saint-Sixt. La Roche, surtout la partie ancienne, couvre le sommet d'une colline séparée de celle de Saint-Sixt par un profond ravin et deux torrents. — A. P.

la courbe qui traverse le bas de Saint-Laurent, le bois de Fornet, Chambou, les Afforests, le bas de La Balme et de Moussy, le Châtelet et les environs de Saint-Romain.

C'est au milieu de cette courbe, dans un terrain inégal et parsemé de masses calcaires, que La Roche fut bâtie par les comtes de Genève : le château qu'ils construisirent sur le rocher qui domine le Plain-château, fut dans le XIᵉ siècle une place forte à la main, et la résidence de ces princes pendant une partie de l'été, où les forêts voisines leur procuraient les plaisirs de la chasse la plus agréable.

Ancien bourg de La Roche, et sa première enceinte.

Quelques seigneurs qui étaient à la suite des comtes de Genève bâtirent des maisons fortes dans l'endroit désigné dans les terriers sous le nom de *Planum Castri*, et que l'on appelle encore aujourd'hui *Plain-château*; les princes de la Maison de Genève l'entourèrent de murailles et d'un fossé du côté de l'ouest. Le bourg de La Roche était alors formé par une seule rue, son enceinte était un carré oblong, arrondi au nord et au midi, et ouvert par quatre portes que l'on trouve nommées dans les terriers de 1316 la porte de l'*Hâle*, la porte *Falquet*, celle de *Saint-Martin* et de *Dompmartin*.

Cette première enceinte de La Roche commençait au château du Saix, bâti environ l'an 1200 par Jean

du Saix Damoiseau, au pied duquel était la porte
Saint-Martin ; elle s'étendait de là en ligne droite
jusqu'à la porte Falquet, dont l'arc subsiste encore
aujourd'hui au-dessus de la rue des Fours ; ensuite
elle longeait le jardin du Primicier, le quartier de
Valmerdier (aujourd'hui vers les Capucins), et était
ouverte au-dessous du château par la porte de la
Halle. Cette muraille entourait l'enceinte du château le long du verger des RR. PP. Capucins, et depuis l'angle oriental des jardins du collége, elle
s'étendait en ligne droite jusqu'à la maison forte de
l'*Echelle*, qui avec celle du *Saix* lui servaient de bou-
levards du côté du nord. Le pourpris de ces deux
maisons était séparé, comme il l'est encore aujour-
d'hui, par une porte qui s'appelle porte *Dompmartin*.

Telle était la première enceinte du bourg de La
Roche, qui ne comprenait alors que le seul quartier
du Plain-château (1200).

Seconde enceinte de La Roche.

Dans la suite l'église paroissiale ayant été bâtie
hors de cette enceinte, ainsi que plusieurs habitations,
Amé III, comte de Genève, agrandit considérablement La Roche, l'entoura d'une nouvelle muraille
qu'il fortifia de huit grosses tours et d'un fossé, environ l'an 1320.

Cette nouvelle muraille, dont il reste des vestiges

assez considérables, joignait l'ancienne à l'angle que forment les murs des jardins du sieur Montréal et du seigneur De Mesmes de Loisinge, et s'étendait du côté du nord jusqu'à la tour de Bignin (1300); de là, en remontant, elle longeait les rues de Silence et de la Perrine, dans la même direction que forment les places qu'on appelle aujourd'hui *Derrière les murs ;* ensuite depuis l'angle de la tour du sieur Plantard, elle s'étendait jusqu'à l'autre tour près de chez Guillot, entourait ensuite le quartier de la Perrine et du Valmerdier le long du ruisseau de Foron, et se réunissait à l'ancienne enceinte du Plain-château, près des jardins du collége.

Cette seconde enceinte était ouverte par cinq portes, et flanquée de huit tours.

Les portes étaient :

1° La porte de la Ruaz, qui existe encore aujourd'hui à l'extrémité de la rue de Silence, entre les maisons du seigneur de Loisinge et de Bignin qui lui servaient anciennement de boulevard;

2° La porte de Bignin;

3° La porte de la Perrine qui a toujours porté le même nom (1);

4° La porte du *Vuard,* qui est démolie et qui était située près de la tour de la Sabine Grillet, sur le chemin qui conduit depuis la maison Falconet vers l'ancien tirage, en allant à Broyi.

---

(1) La porte de la rue Perrine a été démolie en 1843. — A. P.

5° La Porte du Pont-Renaud, qui n'existe plus et qui était située au bas du jardin des RR. PP. Capucins et du sieur Bally, sur le chemin qui descend vers Foron pour aller aux tanneries des Lafins.

Les huit tours qui défendaient cette seconde muraille étaient placées dans l'ordre suivant, ainsi qu'on peut le voir dans le plan topographique de La Roche, gravé à Turin par ordre du Roi Victor-Amé II, et dans un ancien plan que possède Mᵉ Etienne-Joseph Arétan, l'un des Conseillers actuels du noble Conseil de ville.

La première tour était celle de Bignin, dont la défense fut confiée aux Commandeurs de Compésières, qui la possèdent encore aujourd'hui. La seconde était la tour de la Faverge, démolie en 1773, et qui était située à l'extrémité méridionale de la grenette actuelle. La troisième et la quatrième tour étaient celles du sieur Thomas Plantard et de Sabine Grillet, qui existent encore en partie. La cinquième était située dans le jardin de la maison du Rouvenot. La sixième, dans le jardin du sieur Claude Tappaz, l'un des Conseillers actuels de ville. La septième, dans le milieu du jardin des RR. PP. Capucins, et la huitième, dans le demi-cercle que forme le parterre desdits Révérends Pères.

Cette seconde muraille, les tours qui la défendaient, ainsi que les fossés qui l'entouraient derrière les murs et au-devant de la porte de la Perrine, ont subsisté en entier jusqu'en 1590, que les Genevois en démolirent une partie.

La Roche était habitée par vingt-cinq familles
nobles et par plus de quatre cents bourgeois, chefs
de famille, qui dans tous les temps manifestèrent la
fidélité la plus inviolable à leurs Souverains. Le
commerce actuel de cette ville consiste dans un mar-
ché hebdomadaire, et dans deux foires annuelles
qui sont des plus considérables du Duché, à cause
que la proximité de Genève rend La Roche l'entre-
pôt des grains, des denrées et des bestiaux des
vallées du Faucigny, et de la Borne, pour la subsistance de cette première ville (1).

La ville de La Roche est très mal bâtie (2), ses
rues sont irrégulières, mal pavées, et n'offrent rien

---

(1) Amé III, comte de Genevois, après avoir terminé la nouvelle enceinte de la Roche, et augmenté les défenses de son château où ses ancêtres avaient fondé la chapelle de Saint-Maurice,
organisa ensuite l'administration civile de sa nouvelle ville. Par
lettres patentes, données au château de Clermont le 22 mai 1335,
il accorda aux habitants de La Roche des libertés et des franchises particulières, contenant un Code de législation municipale
très étendu. Il jura sur les Saints Evangiles de les faire observer
et respecter par les juges et les officiers de ses Etats, et statua
comme loi fondamentale de cette nouvelle association politique,
que les bourgeois de La Roche ne seraient tenus d'obéir à ses
successeurs qu'après que ceux-ci auraient promis, avec serment,
de maintenir les privilèges et la législation qu'il venait de donner
à leur ville. Son administration fut confiée à quatre syndics qui
présidaient le grand et le petit conseil des bourgeois: leur orga-
nisation politique était celle d'une république, dont les comtes de
Genève étaient cependant les chefs. Cette législation municipale,
diamétralement opposée aux vexations féodales, favorisait tellement la sûreté des personnes, les propriétés et l'agriculture, que
les principales familles nobles du pays, au nombre de 25, vinrent
habiter La Roche et se firent agréger à sa bourgeoisie, pour jouir
de ses privilèges. — Extrait du *Dictionnaire historique* de Grillet.

(2) On prie le lecteur de remarquer que Grillot écrivait en 1790
et que, par conséquent, cette appréciation ne s'applique en rien à
la ville de La Roche telle qu'elle est aujourd'hui. — A. P.

de remarquable ; l'air y est vif et très sain ; les fontaines d'eau vive jaillissante y sont très multipliées et très abondantes ; la médiocrité des fortunes n'y a permis que la recherche de l'utile, sans pouvoir y joindre l'agréable. Les édifices que l'on y voit sont :

1° Le château du seigneur marquis de La Roche, ancienne habitation des comtes de Genève, des débris duquel ont été bâtis le couvent des Capucins et quelques édifices moins considérables (1) ;

2° L'église collégiale de Saint-Jean-Baptiste, édifice caduc et très mal entretenu, bâti d'une manière lourde et massive, sans aucun principe d'architecture ; le clocher de cette église surmonté d'un dôme et d'une très belle pyramide peut fixer un instant l'attention d'un étranger ;

3° L'église et le couvent des RR. PP. Capucins ;

4° Le monastère des Révérendes Dames Bernardines de la réforme de saint François de Sales et de la Mère de Balon, dont l'église d'ordre dorique présente un rétable en marbre artificiel, très beau et très bien exécuté (2) ;

5° Le collège royal où les Jésuites enseignaient

(1) Il ne reste du château que la tour en ruines qui domine la ville : il serait à désirer qu'on la réparât et que l'on conservât ainsi ce monument historique. — A. P.

(2) Cette église possède en outre un tableau de Berengier, peintre distingué de Chambéry qui vivait au milieu de XVIIIᵉ siècle. Ce tableau porte pour signature ces mots : « Berengier pingebat Camberii, 1737. » — C'est à M. Bally, maire sous la République, que nous devons d'avoir pu conserver intacte l'église des Bernardines, qui est aujourd'hui l'église de Petit-Séminaire. — A. P.

autrefois les belles-lettres et la rhétorique, et qui ont été remplacés par des prêtres séculiers depuis 1712.

L'administration de la ville est confiée à un Conseil permanent, qui exerce la juridiction de police dans la ville et sa banlieue ; il est composé de douze membres, dont les quatre premiers sont gentilshommes, six bourgeois, et deux autres membres amovibles élus de deux ans en deux ans, parmi les habitants notables de la paroisse.

Ce Conseil, qui a un Procureur et un Secrétaire, est présidé par deux Syndics dont le premier est noble et le second bourgeois ; il nomme en cas de vacance aux treize prébendes de la collégiale et aux places de professeur et de régent du collége, dont les honoraires sont payés avec les revenus de la Communauté.

Du mandement et des seigneurs anciens et modernes de la ville de La Roche.

Le mandement de La Roche est un des plus étendus de la province de Genevois, depuis que le duc de Savoie Victor-Amé II, par ses lettres-patentes du 21 février et 28 mars 1682, lui a réuni sous le titre de marquisat, en faveur de la Maison de Granery, ceux de Monetier et de Mornex, et celui du châtelet de *Credoz*, par autres lettres-patentes du 22 mai 1700. Il comprend la ville et paroisse de La Roche,

Amancy, Saint-Sixt, Eteaux, Pers, Jussy, Regny, la Chapelle-Rambod, le Sapey, la Murat, Essert, Mornex, Monetier, Cornier, et partie des paroisses d'Evires et de Scintrier. La juridiction et la seigneurie du marquis de La Roche s'étend sur seize paroisses, où il jouit de l'omnimode juridiction, haute, moyenne et basse avec le pouvoir d'établir des juges, châtelain, greffier ; en outre son inféodation lui donne tous les droits de pontenage, alpéage, leyde, pêche, chasse, cours d'eau, patronage de bénéfices, et généralement tout ce qui appartenait à la Maison de Savoie, la seule souveraineté exceptée, ainsi qu'on peut le voir dans les lettres-patentes ci-dessus désignées, et dans les arrêts de la Chambre des Comptes du 8 avril 1682 et du 2 août 1700 (1).

Le château et la seigneurie de La Roche furent constamment possédés par les comtes de Genève ; ces princes en avaient fait hommage aux barons de Fau-

(1) Le 22 septembre 1792, date de l'arrivée du général Montesquiou à Chambéry, cessa la domination sarde. La Roche, ainsi que toute la Savoie, fut réunie à la France le 28 novembre suivant, date de la création du département du Mont-Blanc. Le département du Léman fut organisé le 8 fructidor an VI. Pendant toute cette période, — du 28 novembre 1792, jusqu'au 16 décembre 1813 — La Roche a été le chef-lieu d'un canton de l'arrondissement de Bonneville, composé des communes de : Amancy, Aviernoz, La Chapelle, les Ollières, La Roche, Saint-Sixt et Thorens. Par décret royal du 16 décembre 1813, elle fut incorporée à la province du Faucigny et devint chef-lieu d'un mandement, composé des communes ci-après : Amancy, Arenthon, Cornier, Etaux, La Chapelle, La Roche, Menthonnex, Passeirier, Saint-Laurent, Saint-Maurice, Saint-Pierre et Saint-Sixt. La commune de Menthonnex en fut distraite le 14 décembre 1818. Le canton actuel est encore composé des mêmes communes. — A. P.

cigny, et l'on trouve dans les archives de la Chambre des Comptes du Dauphiné un acte de l'an 1330, par lequel Guigues, dauphin de Viennois, se plaignait à Philippe, roi de France, qu'Edouard, comte de Savoie, s'opposait que le comte de Genève lui fît hommage du *châtel et du borg de La Roche*, etc.

Pierre, comte de la Maison de Genève, légua, par son testament du 24 mars 1393, le château et le mandement de La Roche à Marguerite de Joinville son épouse, qui épousa après sa mort Frédéric de Lorraine, seigneur de Ruvigny et comte de Vaudemont, de qui Amédée VIII, premier duc de Savoie, acquit la seigneurie de La Roche en 1411.

Le premier prince de la Royale Maison de Savoie qui fut apanagé de La Roche, fut Philippe de Savoie, en 1443. Le Bienheureux Amédée IX, en 1452. Janus de Savoie, en 1460.

Le duc Charles III ayant cédé le comté de Genevois et la baronnie de Faucigny à Philippe de Savoie, duc de Nemours, celui-ci assigna pour douaire à Charlotte d'Orléans son épouse les châteaux et terres de la Roche, du Châtelet, de Cruseilles et d'Alby, ainsi qu'on le voit dans leur contrat de mariage du 17 septembre 1528.

Ensuite, par contrat du 4 juin 1595, Charles-Emmanuel, duc de Savoie et de Némours, vendit la seigneurie de La Roche à noble Claude de Marolle, qui, par un acte du 15 octobre 1609, la céda à très haut et très puissant seigneur Gaspard de Genève, mar-

quis de Lullin, dans la Maison duquel cette seigneurie resta sous le titre de *Baronnie de la Roche*
jusqu'en 1675, que la marquise de Pancarlier, dernier rejeton de cette illustre Maison, ayant fait
héritière *Madame Royale*, Jeanne-Baptiste de Savoie,
La Roche fut réunie avec Mornex et Monetier au
domaine de la couronne.

S. A. R. Victor-Amé II, duc de Savoie, voulant
subvenir aux dépenses extraordinaires qu'exigeait
son mariage projeté avec l'héritière du Portugal,
sans charger ses sujets de nouveaux impôts, résolut,
par son édit du 19 novembre 1680, d'aliéner en
Savoie de ses domaines jusqu'à la concurrence de
cent et huit mille ducatons. En conséquence, par ses
lettres-patentes du 21 février 1682, il vendit, céda
et inféoda, en titre de marquisat, à noble Thomas
de Granery, comte de Mercenasque, les mandements
de La Roche, de Monetier et de Mornex, et c'est depuis cette époque que la ville de La Roche et son
mandement appartiennent à la Maison de Granery.
Les rapports qu'il y a entre l'histoire de La Roche et
celle du seigneur marquis de cette ville nous ont
paru exiger que ce précis historique fût précédé
d'un essai généalogique sur la Maison de Granery.
Nous ne rapporterons que ce dont nous avons une
connaissance certaine sur cette illustre Maison, qui
s'est toujours distinguée par les personnages célèbres qu'elle a produits, et qui n'ont cessé de rendre
les plus grands services à la Royale Maison de Savoie

par leurs lumières et leurs talents en occupant les premières charges de l'Etat.

Essai généalogique sur la Maison Granery depuis qu'elle possède le marquisat de La Roche.

La Maison de Granery est une des plus distinguées du Piémont, l'hôtel qu'elle possède à Turin y est placé très avantageusement et fort bien décoré : elle fait partie de la haute noblesse de deçà les monts, depuis que le marquisat de La Roche, qui était l'apanage des ducs de Genevois et de Némours, fut inféodé à noble Thomas Granery, comte de Mercenasque, premier écuyer de la duchesse de Savoie, en 1665.

GASPARD GRANERY son père, comte de Mercenasque et Villate, seigneur d'Orio et de Piobés, fonda un ermitage de camaldules en Piémont ; il résida longtemps à Chambéry où il occupa les places les plus distinguées de la magistrature de Savoie; elles furent la récompense des sages conseils qu'il donna à *Madame Royale*, Christine de France, lors de son célèbre voyage à Grenoble, pour conférer avec le roi Louis XIII sur les affaires les plus importantes. Gaspard Granery, qui accompagnait la duchesse régente, maintint cette vertueuse princesse dans cette sage fermeté qui déconcerta les projets insidieux du cardinal de Richelieu, et qui sauva heureusement l'Etat de Savoie.

Gaspard Granery eut les enfants suivants :

1° THOMAS GRANERY, premier marquis de La Roche qui suit ;

2° MARC-ANTOINE GRANERY, aumônier de Madame Royale, abbé de N.-D. d'Entremont, dont il fit rénover les fiefs ; il rebâtit en 1666 le prieuré de Poisy, et refusa la dignité de prévôt de la cathédrale de Genève, à laquelle il avait été nommé le 18 janvier 1675 ;

3° N.... GRANERY, mariée au comte de Provana ;

4° N.... GRANERY, mariée au comte Costa.

THOMAS GRANERY, premier marquis de La Roche, Mornex et Monetier, comte de Mercenasque, etc., était premier écuyer de la duchesse de Savoie en 1663, conseiller d'Etat, ministre et surintendant général des finances ; il épousa en 1651 noble demoiselle Jéronime-Catherine, fille du grand-chancelier de Monroux, et fut la souche des deux branches de la Maison Granery, qui subsistent actuellement. Ses enfants furent :

1° CHARLES-EMMANUEL, chef de la branche aînée qui suit ;

2° LÉONORE-MARGUERITE GRANERY, mariée au comte Valpergue ;

3° MAURICE-IGNACE, chevalier, marquis du Châtellet de Credoz, conseiller d'Etat, ambassadeur du duc de Savoie à la Cour de Rome en 1700 ; ensuite président au Sénat de Piémont, et chef du Conseil de Madame Royale.

CHARLES-EMMANUEL GRANERY, marquis de La Roche, comte de Mercenasque, etc., fut Conseiller d'Etat, et gendre du marquis de Carail, chevalier de l'Annonciade. Il eut les enfants suivants :

1° Charles-Gaspard-Bernard Granery qui suit ;

2° Frédéric-Joseph, chevalier, mort en Hongrie, gouverneur de la ville d'Epèries ;

3° Jean-Baptiste, lieutenant des arquebusiers-gardes de la porte du Roi ;

4° Louise-Marguerite Granery, fille d'honneur de *Madame Royale*, mariée au comte des Ursins ;

5° Pauline-Marie-Christine Granery, fille d'honneur de *Madame Royale*, mariée au comte de Piosasque.

CHARLES - GASPARD - BERNARD GRANERY, marquis de La Roche, chevalier grand-croix de l'ordre royal et militaire des SS. Maurice et Lazare, épousa noble demoiselle Anne-Marie d'Alinges de Coudré, de laquelle il eut une nombreuse postérité.

JOSEPH-MARIE-VICTOR-LOUIS, leur fils aîné, marquis de La Roche, qui fut capitaine dans le régiment aux gardes, ensuite gentilhomme de la Chambre de S. M., est mort à Turin le 21 juin 1786.

Il avait épousé noble demoiselle Thérèse **Caqueran**, de laquelle il eut un fils unique qui suit :

Messire GASPARD-FRANÇOIS GRANERY, marquis de La Roche, comte de Mercenasque, baron des Clés, seigneur d'Orio, etc., officier-général de déparment, est veuf de noble demoiselle Alfieri de Sostegno, et père de noble demoiselle FÉLICITÉ GRANERY, MADEMOISELLE DE LA ROCHE.

S. E. Messire PIERRE-JOSEPH COMTE GRANERY, chevalier grand-croix et commandeur de l'ordre royal et militaire des SS. Maurice et Lazare, est issu de la branche de la Maison Granery qui descend de Thomas Granery, premier marquis de La Roche ; il a épousé DONA-ANNE-MARIE MANCA, duchesse douairière de Saint-Pierre ; il fut d'abord sénateur à Nice, et successivement juge de la royale audience à Cagliari, avocat-général du roi, et ensuite ministre plénipotentiaire de S. M. à la Cour de Rome. Le grand-duc de Toscane et la République de Gênes ayant réclamé la médiation de Sa Majesté Sarde pour terminer les différends qu'avait fait naître la fixation des limites des deux Etats, le Roi chargea le comte Granery de se transporter sur les lieux ; il proposa aux deux puissances des expédients si sages et si avantageux qu'ils furent acceptés, et les contestations terminées au gré des deux Etats.

Le comte et commandeur Granery passa à Vienne en 1781 en qualité d'envoyé extraordinaire du roi

3

auprès de S. M. Impériale et Royale. Quelque temps
après il fut envoyé à la cour d'Espagne, revêtu du
caractère d'ambassadeur de S. M., d'où le roi l'a
rappelé à Turin en septembre 1789, pour être ministre d'Etat et premier secrétaire, ayant le département des affaires internes.

Les armoiries de la Maison Granery sont d'azur à
la face d'or, ayant en chef un château donjonné de
trois tours crénelées d'or ; le tout ouvert, ajouté et
massonné de gueule, et en pointe trois épis de blé
arrachés et appointés d'or ; supports, deux lions à la
queue fourchetée d'hermines, armés et lampassés de
gueule.

Le sujet relatif à l'histoire de la ville de La Roche
que nous traitons, sera quelquefois peu lié et interrompu par des lacunes, suites nécessaires de l'embarras où l'on se trouve quand il s'agit de placer
dans un ordre chronologique des faits épars, et dont
souvent les circonstances sont très difficiles à connaître par l'impossibilité de se pouvoir procurer des
renseignements exacts. Cette Histoire pourra servir
à éclaircir quelques événements relatifs à celle du
diocèse de Genève, et à intéresser les habitants de
La Roche auxquels on présente l'origine des établissements qui sont sous leurs yeux, les princes qui les
ont favorisés, les différentes situations où leur patrie
s'est trouvée, et les divers personnages qui lui ont
fait honneur et qui ont droit à notre reconnaissance.

PREMIÈRE PARTIE

—

Depuis l'an 1000 jusqu'à l'érection de l'église de La Roche
en Collégiale, l'an 1536.

Tous les auteurs qui ont écrit sur la Savoie assi-
gnent l'an 1000 pour l'époque de la fondation de la
ville de La Roche (1). Les comtes de Genève en sont
regardés comme les fondateurs; le comte Aimon I,
suivant les preuves généalogiques des Dauphins de
Viennois, fit bâtir le château de La Roche environ
l'an 1016, qui fut le centre de plusieurs fiefs et de
plusieurs juridictions qui en dépendaient (2).

Le plus ancien titre qui fasse mention du château
de La Roche est l'inféodation du château et de la
terre de Thorens en faveur de noble Oddo de Compey, faite par Robert de Genève l'an 1060, où ce

(1) Voyez le Père Boniface de Constantin, dans la vie de Dom
Claude de Granier, évèque de Genève. — Besson, *Mémoires du
Diocèse de Genève*, pag. 160.

(2) La Roche, *Ruper*, ville et commune de l'arrondissement de
Bonneville, département du Léman, était habitée en 1783 par
2419 individus. (Extrait du *Dict. historique* de Grillet.) — A. P.

prince spécifie que le seigneur de Compey tiendra en fief dépendant du château de La Roche la susdite terre de Thorens (1).

L'on vit autour du château que les comtes de Genève avaient fait bâtir à La Roche pour leur servir de maison de chasse, l'on vit, dis-je, le défrichement s'étendre, la population s'augmenter et plusieurs gentilshommes venir s'y établir; de telle manière qu'environ l'an 1090 cet endroit devint une bourgade qui occupait le sommet de la colline que l'on appelle aujourd'hui le *Plain-château*. Les princes la firent entourer de murailles et de fossés, et les exercices de la religion s'y faisaient dans la chapelle du château dédiée à saint Maurice, aujourd'hui unie au premier monastère de la Visitation d'Annecy.

Dans ces temps barbares où les paysans étaient accablés par les vexations du régime féodal, les souverains, pour les soustraire à la tyrannie des petits seigneurs, établirent des lieux de franchise, et donnèrent ainsi naissance à la plupart des bourgades dont l'existence ne remonte pas au-delà du règne des rois de Bourgogne.

Les comtes de Genève déclarèrent les habitants de La Roche hommes francs, et après y avoir habité pendant une année et un jour, ils n'étaient plus soumis à la juridiction d'aucun seigneur.

(1) Voyez le *Pourpris hist. de la Maison de Sales*, p. 112.

Environ l'an 1100 le bourg de La Roche ne con-
sistait qu'en quelques habitations éparses et trois
châteaux, savoir celui du prince, celui du Saix et
celui de l'Echelle; le comte de Genève y tenait un
vidomne qui prenait le titre de grand-châtelain de
La Roche.

Pierre Saillet, notaire, commissaire impérial et secrétaire de La Roche, dont il dressa l'inventaire rai-
sonné des titres en 1573, dit, dans les *Mémoires historiques* qu'il a laissés, que Gérard de Sales prenait
déjà en l'an 1000 le titre de vidomne de La Roche.
Cette charge était une des plus importantes sous les
comtes de Savoie et de Genevois. L'on voit dans les
anciens statuts des princes de la Royale Maison de
Savoie, *Lib. II, Cap.* 73 *et suiv.*, que les vidomnes,
soit châtelains, exerçaient alors un emploi qui ré-
pond aujourd'hui à ceux de gouverneur, d'Intendant et de juge; ils résidaient dans les places fortes
dont ils avaient la garde, convoquaient et comman-
daient les nobles et les vasseaux de leur mandement
en temps de guerre, percevaient les revenus des domaines des princes, dont ils rendaient compte aux
trésoriers-généraux, et rendaient la justice sommaire dans les petites causes.

Cette charge, ainsi que celle de baillifs, qui étaient
leurs supérieurs, ne se conférait ordinairement que
pour une année; les châtelains avant que de l'exercer prêtaient serment de fidélité au prince, et s'obli-
geaient par un serment solennel à ne violer les droits

de personne, et à suivre ponctuellement les lois et les usages reçus et approuvés.

La charge de vidomne et de châtelain de La Roche ne fut exercée sous les comtes de Genevois que par les premiers gentilshommes de la province; comme on peut le voir par ceux que M. de Capré cite dans son histoire de la Chambre des Comptes de Savoie; tels que Jean de Compey, Jean de Sales, Christophe de Sales, Amé de Viry, qui avaient des vice-châtelains des Maisons de Chaumont, de Menthon, de Noveiry, etc.

L'an 1179 le château de La Roche fut assiégé par les princes voisins, ennemis de la Maison de Genève; Béatrix de Savoie, épouse de Guillaume I, comte de Genève, y était renfermée avec son fils Aimon, âgé de cinq ans. Les ennemis s'étaient déjà emparés de la meilleure partie du Genevois, et il paraissait que la perte du comte était inévitable.

Cependant ses ennemis n'ayant pu forcer le château, et le siége ayant traîné en longueur, il les attaqua vigoureusement, les défit, et se rendit maître de tout le pays qu'ils avaient occupé. Le comte, pour remercier l'Être suprême de la victoire signalée qu'il venait de remporter, et qu'il attribua aux prières des chartreux, exécuta le vœu que la princesse Béatrix son épouse et ses fils Humbert et Aimon avaient fait pendant qu'ils étaient assiégés dans le château de La Roche; il légua aux chartreux de Pomiers tout ce qu'il possédait sous Salève; Robert, arche-

vêque de Vienne, et Ardutius de Faucigny, évêque
de Genève, acceptèrent cette donation au nom des
Pères de Pomiers, dont le comte était déjà le fondateur, ainsi qu'on le voit dans un acte de l'an 1179
que Guichenon a inséré dans sa bibliothèque de
Bresse, Cent. 2ᵐᵉ, n° XIII, et Besson, n° 36, page 368.

Fondation de l'église de La Roche.

L'église paroissiale de La Roche, dédiée à saint
Jean-Baptiste, fut fondée quelque temps auparavant
par le comte Guillaume I; le portail de cette église
où sont ses armoiries, qui sont aussi celles de la ville,
est absolument dans le goût gothique du XIIᵉ siècle (1).

Les écus sont entrelacés avec quatre chiffres arabes
qui rapportent sa construction à l'an 1111; l'église
actuelle depuis cette époque a été rebâtie deux fois,
en 1444 et en 1560; il ne reste de l'église primitive
que le chœur et le portail. Charles-Auguste de Sales,
dans le *Pourpris historique de sa Maison*, page 127,
rapporte d'après la chronique de Saillet, que le sanc-
tuaire fut construit par le clergé, le chœur par le
comte de Genève, et la nef par dix familles nobles
bourgeoises de La Roche, qui placèrent leurs armoiries aux clefs des chapelles; on y voit encore aujourd'hui celles de la Maison de Sales entre les deux

(1) Les armoiries dont il s'agit ont été détruites en 1793. —
A. P.

premiers piliers à droite, au-dessus de la chapelle
du Rosaire, où est le tombeau de cette Maison (2).

Le comte Guillaume I, qui avait contribué à la
construction de l'église de La Roche, mourut environ l'an 1190; il fut enterré à l'entrée de l'église de
Sainte-Catherine sur Annecy, que sa fille Béatrix,
épouse de Thomas I, comte de Savoie, avait fait bâtir;
leur tombeau était sous le vestibule de cette église,
au-dessus on voyait leur portrait peint à fresque
avec l'épitaphe suivante :

Hic jacet Felicis Memoriæ
Piissimus Wullielmus Gebena Comes,
Hujus Abbatiæ insignis benefactor,
Et patris Beatricis à Sabaudiâ,
Hujus Abbatiæ Fundatricis,
In Capitulo recumbentis.
1190.

Les successeurs du comte Guillaume I ne furent
pas aussi heureux que lui à La Roche ; Pierre, comte
de Savoie, vint les assiéger dans leur château; il
força Rodolphe, comte de Genève, qui s'y était ren-
fermé, à le lui abandonner en 1263, et il ne fut res-
titué à la Maison de Genève que quelques années
après.

La cure de La Roche était alors une des plus con-

(1) L'église paroissiale, qui tombait en ruines depuis la Révolution, a été réparée, en 1806, par les soins de M. de Polinge,
maire, et par ceux de M. Plantard, son adjoint, ensuite d'une souscription volontaire des habitants. *(Dict. hist.* de Grillet.)

sidérables du diocèse de Genève; elle comprenait
encore celle de Saint-Sixt, d'Eteaux et de Rambod,
qui, dans la suite, en furent démembrées, sous la
réserve qu'elles reconnaîtraient l'église de La Roche
comme leur église matrice; que la nomination à ces
trois nouvelles cures appartiendrait au curé de La
Roche, à qui ceux de Saint-Sixt, d'Eteaux et de Rambod paieraient chaque année six florins genevois
pour reconnaître sa supériorité, ainsi qu'il en conste
par plusieurs reconnaissances des xive et xve siècles.

Le premier curé de La Roche dont les archives
de la Collégiale fassent mention, est Guillaume de la
noble et ancienne Maison d'Amancy, qui est nommé
dans un acte de l'an 1280 (1).

GUILLAUME DE JOINVILLE, de la Maison souveraine des barons de Gex, fut le successeur immé-
diat de Guillaume d'Amancy dans la cure de La
Roche; il termina un différend avec les seigneurs
de Compésières à l'occasion d'une chapelle, le 6 de
mars 1310.

Six ans après cette date, on trouve dans les grosses
de Me Barrillet de Gingens, commissaire impérial,
que Guillaume II, comte de Genève, concéda à Pierre
de Ternier et à Girard son fils, omnimode juridiction, mixte et bas empire sur tous les hommes et sur

---

(1) A l'époque de la Révolution, la dernière messe fut célébrée
dans l'église de La Roche le 24 février 1793. L'église fut solen-
nellement réconciliée par Révd Pelloux aîné, chanoine, délégué par
les vicaires généraux, le 23 avril 1797. — A. P.

toutes les personnes de Meyny, Apremont, Corsinge, et généralement dans tout le mandement de La Roche, excepté les hommes qu'ils avaient dans le bourg de La Roche qui est déclaré franc, *et generaliter in toto mandamento de Rupe, exceptis dumtaxat hominibus quos dicti milites habent, infra Burgum de Rupe, quod est franchum.*

Par cet acte, qui est de l'an 1316, indict. 15, l'on voit que les officiers de justice des comtes de Genevois étaient un grand-baillif, plusieurs châtelains ou vidomnes, des metraux, des saultiers et des bedaux-clients.

La Roche, à cette époque, n'était donc qu'un bourg dont les comtes de Genève avaient fait hommage aux Dauphins de Viennois et aux comtes de Savoie. Ce double hommage excita des différends entre le Dauphin et Edouard, comte de Savoie; Philippe, roi de France, entreprit de les terminer, et nomma en 1320 des arbitres pour examiner leurs prétentions respectives.

Par le procès-verbal de cet arbitrage, tiré de la Chambre des Comptes de Dauphiné, et que Guichenon a fait imprimer dans son histoire de Bresse, part. Ire, on voit que le Dauphin demandait que le comte de Savoie n'empêchât point que le comte de Genève ne lui donnât aide, et qu'il ne s'opposât plus à l'hommage qu'il lui devait *pour le châtel et borg de La Roche, et pour les châtels d'Annessieu et de Crusselieu.*

Comme le comte de Savoie prétendait les mêmes droits, et qu'il réclamait dans la baronnie de Faucigny l'hommage du châtelet de Credoz, de Bonneville et de plusieurs autres terres et seigneuries, les deux princes se rendirent à l'invitation du roi de France, oublièrent leur différend, et se jurèrent une amitié perpétuelle. (Voyez Guichenon, *Hist. de Savoie*, vol. Ier, page 380.)

Le Père Boniface-Constantin de Magny, dans la vie de Dom Claude de Granier, évêque de Genève, nous apprend qu'Annecy ayant été réduit en cendres environ l'an 1320, Amé III, comte de Genève, vint résider une partie de l'année à La Roche, et qu'il en fit le centre et la capitale de ses États; il augmenta considérablement son enceinte dont nous avons donné la description d'après les terriers les plus anciens. Depuis cette époque La Roche fut qualifiée du titre de ville, et dans toutes les reconnaissances elle est nommée *Oppidum*.

Principales Maisons nobles de La Roche dans le XIVe et le XVᵉ siècle.

La résidence du prince fut cause que plusieurs Maisons nobles vinrent s'y établir, celle de Sales y tenait le premier rang, et tous les titres de La Roche prouvent que cette illustre Maison est la plus ancienne de cette ville; elle avait le privilége particulier d'avoir une porte dans la muraille de ville pour

entrer de jour et de nuit sans être sujette aux portes
publiques; elle avait encore droit de couper son af-
fouage dans les forêts du prince, dè chasser dans
tout le pays de Genevois, et d'y percevoir des censes;
ainsi que Robert de Genève le lui avait accordé par
lettres données à Annecy le 8 avril 1073, et relatées
dans une reconnaissance de l'an 1448. (Voyez le
Pourpris historique de la Maison de Sales, page 141.)

Suivant les titres anciens conservés dans les archives de la Collégiale, et suivant les terriers que j'ai
consultés, les principales familles nobles qui habitè-
rent La Roche dans le XIVᵉ et le XVᵉ siècle étaient :

1° Celle des Valpergues; 2° celle des Oppicin Asi-
nier-Lombard, de laquelle était noble Marguerite
Oppicin, femme de noble et puissant Pierre de Genève, en 1420; 3° la Maison Vuerloz, originaire de
Fribourg; 4° celle de Genville; 5° la Maison Fabry,
qui a fondé et fait bâtir la chapelle de Sainte-Catherine en architecture gothique, dont l'armoirie est
une bande chargée d'une rose et de deux étoiles. Les
seigneurs de cette Maison étaient possesseurs de la
terre de Bignin dans le Pays-de-Vaud, et la Maison
qu'ils avaient fait bâtir à La Roche porte encore aujourd'hui ce nom. Noble Jean Fabry existait à La
Roche l'an 1300; ses descendants, dans tous les actes
que j'ai vus, sont qualifiés de bourgeois de Genève
et de La Roche. Cette maison a produit plusieurs
personnages distingués, tels que Pierre Fabry, évêque de Genève en 1377, Ademar Fabry, dominicain,

qui était confesseur de l'antipape Clément VII, lorsqu'il fut élu évêque de Genève le 17 juillet 1385;
c'est cet évêque qui dressa et publia les franchises
de Genève, l'an 1387.

Henri Fabry, né à La Roche, était prieur des chanoines réguliers de Saint-Augustin de Sevry, près
d'Annecy, l'an 1398; et Jean Fabry, bourgeois de
Genève et de La Roche, était seigneur de Bignin
dans le Pays-de-Vaud, et secrétaire de Philippe de
Savoie, ainsi qu'il en conste par lettres-patentes données à Genève le 11 février 1441.

Les autres Maisons nobles de La Roche dont nous
avons encore connaissance, sont la Maison de Vêge,
de laquelle était Rodolphe de Vêge, curé de Saint-
Pierre de Lausanne en 1493; celle des nobles de Foron, d'Allods, d'Eteaux, d'Ogier, d'Angeville, de La
Grange, Pinsabin, Saultier de La Balmo, de Mesme,
de La Faverge, de Pascal, de Millot du Quarre, de
Gaud, de Chamboux, etc.

C'est du temps de Guillaume de Joinville, curé de
La Roche, que l'on trouve des titres où il se qualifie
de plébain de cette ville. M. Fleury, dans ses *Instit.
au Droit Can.*, chap. XXVIII, part. 1re, dit que les
plébainies étaient des églises desquelles en dépendaient plusieurs autres qui venaient y apporter les
enfants pour y être baptisés. Ces églises furent ap-
pelées *Plebes* dès le VIe siècle, et leurs pasteurs, *Ple-
bani*. Ces plébains étaient chargés par les évêques
de présider dans les églises baptismales de la cam-

pagne, et d'avoir l'œil sur les ecclésiastiques du district qui leur était confié.

Outre le plébain, les évêques de Genève avaient encore établi à La Roche un official forain en 1329.

Les anciens comtes de Genève ayant accordé diverses franchises et priviléges aux habitants de La Roche, sans les avoir rédigé par écrit, la mémoire et la probité des anciens pouvaient seules être consultées dans les cas litigieux. Pour obvier aux inconvénients que pouvait avoir cette méthode, les bourgeois envoyèrent plusieurs députés à Amé III, comte de Genève, qui résidait à Clermont, pour le prier de confirmer leurs franchises, et de leur en faire expédier un acte authentique. Ce prince ayant assemblé son Conseil, où se trouvèrent Aimon, comte de Savoie, Gaspard de Chatillon, Jean de Métral, seigneur de Greysier, et Aimonet d'Asignier, confirma le 22 de mai 1335 les franchises de La Roche par des lettres-patentes, contenant 76 articles, dont nous rapporterons le précis sous des titres qui comprendront ce qui a rapport au même objet, car ils sont sans ordre dans l'original.

Droits des comtes de Genève dans la ville
de La Roche.

1° Dans toutes les assemblées publiques, le peuple devait être présidé et commandé par le vidôme ou châtelain du prince, sans lequel il ne lui était pas permis de rien entreprendre.

2e Chaque fois que le comte était en guerre, les bourgeois devaient au premier ordre prendre les armes, et suivre la bannière du châtelain (1).

3° La connaissance des délits capitaux était réservée au châtelain, et le pouvoir de vie ou de mort, et de faire grace, était réservé au souverain.

4° Les comtes de Genève se réservèrent de percevoir les droits de leyde et de péage sur les étrangers, le droit de toisage sur les maisons, le ban du mois d'août, les amendes, la gabelle du vin les jours de foire, et de nommer deux députés pour, de concert avec ceux du Conseil, éclaircir les difficultés qui pourraient naître sur l'intelligence des franchises.

5° Le châtelain, avant que d'exercer sa charge, jurait et promettait de suivre exactement les franchises, et de ne point s'en écarter dans les jugements qu'il devait porter (2).

Franchises de la ville, et étendue de sa banlieue en 1335.

Les confins de la banlieue de La Roche furent fixés en 1335 par le comte Amé III.

1° Du côté de l'orient, vers la croix qui est plantée

(1) Voyez l'art. 32. — *Notes mss de Grillet.*
(2) Id. à Cluses, art. 21. Genève, art. 77. — *Notes mss de Grillet.*

à la jonction du chemin d'Amancy et de Vosérié;
2° au nord, en bas du château du Quarre, à la jonction des chemins de Lavenay et de Vêge; 3° au cou-
chant, par le torrent de Vorsy; 4° au midi, par le
chemin qui va depuis Eteaux vers les moulins de
Broyer et le torrent de Chambou, en allant en ligne
droite depuis une de ces limites à l'autre.

Des Conseils de La Roche en 1335.

La ville était dirigée par deux Conseils que le châtelain avait droit de convoquer au nom du Souverain; l'un était composé de dix membres présidés
par quatre syndics, et l'autre de tous les bourgeois
chefs de famille.

Les syndics étaient chargés de limiter chaque année les pâturages publics et les chemins, et de veiller à la conservation des forêts de la montagne de
Tynnaz, qui est déclarée appartenir à la ville. Ils
étaient juges des causes civiles qui regardaient les
veuves et les orphelins, et ils devaient les terminer
sommairement sans figure de procès.

Le Conseil des dix nommait deux de ses membres
pour servir d'assesseurs au châtelain, recevait les
bourgeois, et pouvait mitiger les amendes spécifiées
dans les franchises suivant l'âge, le sexe et la qualité
des personnes (1).

_____

(1) La Roche, art. 7. Id., Evian. Id., Cluses, art. 4. Genève,
art. 23. Bonneville, pat., 1289. — _Notes mss de Grillet._

Le Conseil général des bourgeois chefs de famille s'assemblait chaque année pour élire les quatre syndics, pour répartir, du consentement du châtelain, les impositions nécessaires pour les dépenses publiques, et pour statuer ce qu'il croyait utile pour la Communauté, pourvu que le châtelain l'eût approuvé, et qu'il n'y eût rien de contraire aux droits du souverain.

Privilége de bourgeois.

Toute personne qui habitait une année et un jour dans la ville de La Roche devenait libre, si pendant ce temps elle n'était point réclamée par son seigneur naturel (1). Elle pouvait disposer de ses biens suivant sa volonté; mourant *ab intestat*, ses avoirs n'étaient point sujets à devenir la possession d'aucun seigneur, ils étaient remis à ses plus proches parents. Dans le cas que personne ne réclamât la succession d'un bourgeois, le châtelain avec deux députés du Conseil en dressaient un inventaire, et la conservaient pendant une année et un jour; si l'héritier légitime se présentait ils la lui remettaient; si personne, ce terme expiré, ne la réclamait avec fondement, on prélevait les dettes, et on distribuait le reste aux pauvres.

---

(1) Id. Franchises de Genève, art. 23, 29, 34, 36. Cluses, art. 28. — *Notes mss de Grillet.*

4

Les bourgeois étaient exempts de leyde et de péage, et avaient droit de faire du charbon en Tynnaz, en suivant cependant le réglement fait à ce sujet.

Les officiers de justice du comte de Genève étaient obligés de faire le procès aux bourgeois dans la ville; on ne pouvait les emprisonner que lorsqu'ils étaient homicides, voleurs ou traîtres reconnus et publics (1). S'ils avaient du bien, ou que quelqu'un se rendît caution pour eux, on pouvait les relâcher dans les délits qui n'emportaient point de peines capitales. Mais s'il s'agissait de procéder à enquête sur les crimes capitaux, on ne pouvait la faire que par ordre du grand-baillif de Genevois, et elle devait se faire sur la place publique, en présence du dénonciateur, de l'accusé et de ses amis que l'on devait toujours entendre. (Art. 67.)

Chaque sept ans, tous les bourgeois devaient renouveller leur serment d'être fidèles au prince, d'observer les usages de la ville, d'en payer les charges, et de tenir un domicile en ville, ou d'y habiter (2).

Police de la ville.

Les articles des franchises de 1335 qui regardent

(3) Id. Evian, Genève, Cluses. — *Notes mss de Grillet.*

(1) L'on voit par les art. 1, 14 et 17 des franchises de 1335, qu'il fallait habiter, ou tenir une maison en ville, pour être exempt de payer la leyde et le péage. Ainsi le seigneur marquis, dans la transaction de 1767 et la patente du roi de 1774, n'a fait que se conformer aux anciens priviléges, en détruisant les prétendus droits des *bourgeois forains*, qui n'étaient que des abus sans fondement.

la police de la ville, concernent les eaux de Foron et des fontaines publiques, où il n'était jamais permis de tremper le chanvre, que l'on ne pouvait pas même teiller dans les rues sous peine de confiscation, ou de 3 sols genevois d'amende (1).

Les autres articles qui ont rapport au même objet regardent les mesures, le bon ordre dans les marchés et une défense de ne jamais s'attrouper ni crier dans la ville.

Lois pénales.

1° Si quelqu'un, dans les limites de la banlieue de La Roche, frappait une autre personne, il devait payer 3 sols, et s'il lui avait fracassé quelques membres, il devait en payer 40.

2° La peine d'un soufflet était 5 sols.

3° Lorsqu'on menaçait quelqu'un avec un couteau, sabre ou lance, la peine était de 60 sols ; de 10 livres si on l'avait frappé avec ces armes ; et si la mort s'en suivait, le souverain inffligeait la peine capitale, ou autre à sa volonté.

4° Si l'on tirait des pierres, la peine était de 60 sols.

5° Si l'on arrachait les cheveux en se battant, on payait 10 sols si c'était des deux mains, et seulement 5 si ce n'était que d'une seule.

(1) A cette époque la coupe du froment coûtait six sols, suivant le registre du primicier d'Angeville, qui comprend le prix moyen du blé depuis 1300 jusqu'à 1600.

6° En frappant quelqu'un avec un bâton on devait payer 10 sols, et 60 s'il y avait des blessures.

7* Une querelle à coups de pied était taxée 10 livres, preuve évidente qu'on craignait bien les maux de jambes. ·

Outre toutes ces peines pécuniaires, le châtelain et le Conseil de dix devaient faire indemniser le patient des dommages soufferts s'il le requérait, car il était facultatif de s'accommoder avec son adversaire.

On pouvait impunément battre, souffleter les personnes de mauvaise vie lorsqu'elles insultaient les gens honnêtes.

Un homme adultère était condamné à 60 sols d'amende, et une femme à 30 sols seulement, encore fallait-il que le crime fût évident et manifeste (1).

Lorsqu'un mari, ou ses amis, trouvaient sa femme avec son amant dans un lieu suspect, il leur était permis d'enfermer et de battre l'amant, après quoi ils devaient le conduire au châtelain pour lui faire payer la peine des adultères.

Les usuriers publics ne pouvaient jamais disposer de leurs biens, le souverain les confisquait, et on les privait encore de la sépulture ordinaire, étant regardés comme infâmes.

Voilà un précis de ce qui est contenu dans les franchises et libertés que les comtes de Genève avaient accordées aux habitants de La Roche, et qui

---

(1) Id. Cluses, art. 49. — *Notes mss de Grillet.*

éprouvèrent dans la suite différentes variations, suivant que la stabilité du gouvernement, l'uniformité
des lois et l'utilité publique l'exigeaient.

Amé III, comte de Genève, que l'on peut regarder
comme le second fondateur de La Roche, fut aussi
habile politique que vaillant guerrier ; il fut le tuteur
d'Amé VI, comte de Savoie, dissipa par sa prudence
les troubles de Piémont, termina les différends que
la Maison de Savoie avait avec les Dauphins de Viennois, par le traité de Voirons, signé le 2 octobre
1352, où furent présents Guichard de Chissé et
Berlion de Forax, chevaliers.

Fondation de l'hôpital de La Roche.

PIERRE DE MORÉTY, chanoine de la cathédrale
de Genève, succéda au plébain de Joinville environ
l'an 1340 ; c'est à cette époque que se rapporte la
fondation de l'hôpital de La Roche ; plusieurs seigneurs assignèrent les fonds nécessaires pour son
entretien, et les bourgeois se cotisèrent pour le faire
bâtir (1). Les syndics, qui étaient nobles Ginod de
Fabry, Boson d'Amancy et Jean Pouffey, dressèrent
avec le plébain un règlement pour son administration ; le plébain fut nommé recteur perpétuel de la

(1) Cet édifice, qui servait également d'hôtel-de-ville, fut in-
cendié en 1844, le 13 août. Reconstruit aussitôt après, il fut destiné
à servir d'hôpital et de classes premières pour les filles. — A. P.

chapelle, et coadministrateur des revenus des pauvres, avec les syndics (1).

Révérend JACQUES DE MONTHOUX, prévôt de la cathédrale de Genève, succéda dans la plébainie de La Roche à Révérend de Moréty, environ l'an 1370 : il eut d'abord quelques différends avec les syndics, à l'occasion de l'administration de l'hôpital ; il les portèrent devant le tribunal de Jean Murol d'Estaingt, évêque de Genève, qui établit un recteur ecclésiastique soumis à rendre compte, chaque année, de son administration au plébain et au conseil, et les syndics, qui étaient nobles Jean de Moréty, Aimar des Bossons et Rolet de Soirier, s'obligèrent, au nom de la ville, de ne jamais convoquer le Conseil avec la cloche de l'hôpital, sans en avoir auparavant obtenu la permission du plébain, ou de ses vicaires.

L'évêque autorisa cet accord par acte du 14 juillet 1381, où furent présents plusieurs chanoines de la cathédrale, Robert de Menthon et Guichard de Chissé ; il fut encore ratifié par l'évêque Guillaume de Lornai, et par le cardinal Robert de Genève, qui fut pape sous le nom de Clément VII.

Fondation des altariens.

Quelque temps après il s'établit dans l'église pa-

---

(1) Le 8 juin 1334, à l'invitation du cardinal Robert de Genève, dans le château d'Annecy, le plébain transigea avec les syndics de La Roche pour terminer les différends élevés sur la construction et la fondation de l'hôpital. — *Notes mss de Grillet.*

roissiale de La Roche une société de prêtres altariens, qui assistaient aux offices de la paroisse et qui
formaient une espèce de clergé; ils portaient l'au-
muce en forme de manteau, et chantaient l'office de-
bout et sans se servir d'aucun bréviaire, ni livre de
chant. Les revenus de cette communauté, dont on
trouve une notice dans le testament d'Henri Géor-
get, bourgeois du châtelet de Credoz, en date du 20
octobre 1398, étaient ceux des chapelles de la paroisse, et les rétributions des anniversaires fondés
par les Maisons nobles et les bourgeois de la ville.

Pierre, dernier comte de Genevois, de la Maison
de Genève, était alors souverain de La Roche; il
confirma ces franchises le 3 août 1386. Par son
testament du 24 mars 1393, il assigna le douaire de
Marguerite de Joinville, son épouse, sur les châteaux
de La Roche, de Rumilly en Albanais et de Balaison
en Chablais, qu'elle porta en dot à Frédéric de Lorraine, seigneur de Ruvigny et comte de Vaudemont,
qu'elle épousa en secondes noces (1).

(1) En 1411, Amédée VIII envoya Louis, son fils aîné, prendre
possession de La Roche. Les syndics et les bourgeois en *armes* le
reçurent hors de la porte de la Perrine; et avant de se soumettre
à leur nouveau souverain, ils lui présentèrent le Code de leurs
franchises, et le supplièrent, à forme de l'art. III de leurs priviléges, d'en promettre et d'en jurer l'observation. Le prince Louis
de Savoie n'ayant aucune instruction de son père à cet égard, se
refusa à la demande de la bourgeoisie de La Roche et celle-ci pré-
féra s'exposer à son ressentiment en lui refusant l'entrée de ses
murs, plutôt que de perdre une liberté et des franchises auxquelles on attachait alors la plus grande importance. Amédée VIII,
ne voulant pas mécontenter ses nouveaux sujets, jura les franchises de La Roche, et les confirma par LL. PP. du 12 juillet 1412.
— *Notes mss de Grillet.*

HUMBERT, sire de Thoire et de Villars, qui avait épousé la sœur de Pierre, comte de Genève, fut son héritier testamentaire, et prit possession de ses Etats : le pape Clément VII les lui disputa ; mais sa mort, arrivée peu de temps après, fit repasser le Genevois à Oddo de Thoire de Villars, son neveu. Se voyant sans postérité, il vendit tous ses droits à Amédée VIII, premier duc de Savoie, par le traité de Paris du 5 août 1401, et ce même duc ayant acheté en 1411, de Frédéric de Lorraine et de Marguerite de Joinville, son épouse, les châteaux et terres qui lui avaient été assignés pour son douaire, la ville de La Roche passa à cette époque sous la domination de l'auguste Maison de Savoie.

L'année suivante (1412), le duc Amédée VIII reçut le serment de fidélité de ses nouveaux sujets de La Roche, et confirma leurs priviléges par ses lettres-patentes du 12 juillet de la même année. Dans ce temps, au rapport de Pierre Saillet, La Roche fut réduite en cendres, et la plupart des archives des gentilshommes furent consumées par les flammes. Dix ans après, le plébain de Monthoux convoqua les altariens à Genève, et comme il était leur principal fondateur, il rédigea par écrit leurs statuts le 12 août 1422, et augmenta leurs revenus en acceptant les légats de Rolet dè Soirier, à qui il donna l'usufruit de la dîme de Chevramont rière Eteaux, ainsi qu'on le voit dans un acte de 1423, dans lequel il est dit, que l'église d'Eteaux est unie canoniquement à celle

de La Roche : les témoins de cet acte sont R^d Humbert
Fabry, de La Roche, chanoine de Genève, et Rodol-
phe Ducret, curé de Saint-Sixt. Ce plébain légua à
l'église de La Roche cent florins d'or pour augmenter
les distributions manuelles des altariens, ainsi qu'on
le voit dans son testament du 24 novembre 1423,
dont Amédée d'Arenthon, chantre de la cathédrale de
Genève, et Claude Dubosson, vicaire de La Roche,
furent exécuteurs testamentaires.

Révérend RODOLPHE DE LA FOREST, comte de
Lyon, et chanoine de Saint-Pierre de Genève, fut
plébain de La Roche après la mort du prévôt de
Monthoux ; il obtint du pape Félix V l'approbation
de la communauté des altariens par bulle donnée à
Genève le 13 août 1445 ; fit confirmer les réglements
de l'hôpital par sentence de Pierre III, évêque de
Genève, le 29 mars 1448, et obligea avant sa mort,
arrivée en 1460, les curés de Saint-Sixt, de Rambod,
et le vicaire perpétuel d'Eteaux, à reconnaître que
leurs églises étaient soumises à celle de La Roche,
qui jouissait encore du droit de patronage sur ces
trois bénéfices.

Révérend GUILLAUME DE LORNAI, chanoine de
Genève, fut plébain en 1462 ; il fit condamner en
1468 Révérend Jean Pouvety, vicaire perpétuel d'E-
teaux, par Jean-Louis de Savoie, évêque de Genève, à
le reconnaître pour curé primitif dudit Eteaux, et
qu'en cette qualité il avait seul le droit d'y percevoir

les dîmes, les novalles, et qu'en outre, il était obligé
de lui payer six florins genevois de cense annuelle.

Depuis que la Maison de Savoie possédait le château et la baronnie de La Roche, les ducs l'avaient
toujours donné en apanage à leurs puînés. Philippe
de Savoie ayant été créé comte de Genevois, le 7 de
novembre 1434, par le duc Amédée VIII son père, il
fit renover en cette qualité tous les fiefs dépendant
du château de La Roche, et les vingt-cinq familles
nobles de cette ville reconnurent tenir de lui leur
bourgeoisie et leurs possessions à titre de fief noble.
Ce prince, en 1443, paya à l'hôpital d'Annecy 210 florins d'or, hypothéqués par les anciens comtes de
Genève sur la leide des marchés de La Roche. Par ses
lettres-patentes du 25 juillet 1497, il accorda au cardinal Philippe de Luxembourg, premier abbé commendataire d'Entremont, que cette abbaye et dix-sept
familles d'Entremont et du Petit-Bornand ne seraient
plus obligées de venir faire la garde au château de
La Roche, au moyen d'une redevance annuelle en
denrée et en argent qu'ils s'obligèrent de lui payer.
Ces familles étaient les Vittupier, les Gay, les Bas-
tard, les De Salaz, les Bernard, les Duplan, les
Broysat, les Boclier, les Chervoz, les Passerat, les
Cambon, les Bussat, les Puthod, les Narabutin,
les Curbillet et les Dronchat.

Le Bienheureux Amédée IX, duc de Savoie, fut
aussi apanagé de la baronnie de La Roche en 1451 ;
mais Janus de Savoie fut le prince qui posséda le

plus longtemps cette seigneurie. Le duc Louis son père lui ayant donné le comté de Genevois le 26 février 1460, il confirma la même année les priviléges des monastères et des villes de son panagea. Etant venu à La Roche en 1464, il confirma non-seulement ces franchises, mais il accorda encore à cette ville une plus grande étendue de communes, terres et montagnes ; il chargea le Conseil de ville de maintenir les murs et les fossés qui l'entouraient, fixa l'honoraire des syndics, les prix francs et le tirage de l'oiseau, par des lettres-patentes du 25 octobre 1464.

Ce prince épousa Hélène de Luxembourg, qui commit, en 1485, noble Michel de Ranguis, vice-châtelain de Jean de Sales, grand-vidôme de La Roche, pour informer, à la réquisition du Conseil de ville, contre Nicod Sadier, qui détournait le ruisseau de la rue Perrine, pour le moulin d'Assy, ce qui causait un grand préjudice au prince et à toute la ville. Charles-Auguste de Sales, évêque de Genève, nous apprend, pag. 322 de son *Pourpris hist.*, que cette même année 1485, il y avait de grands débats entre les habitants de La Roche et ceux de Thorens, à l'occasion des pâturages des montagnes de Glière, Tynnaz et Soudenaz ; depuis plusieurs années elles étaient un objet de division entre les deux communautés, chaque parti s'y rendait armé, et il s'y commit même plusieurs voies de fait.

Janus de Savoie, instruit de ces désordres, ordonna à son procureur patrimonial de terminer une querelle dont les suites devenaient de plus en plus sérieuses. Il se rendit sur les lieux avec noble de Métral, trésorier de Genevois, et noble Michel de Renguis, commissaire, députés par le prince. Leur présence put à peine empêcher que les intéressés n'en vinssent aux mains, tant ils étaient aigris les uns contre les autres; cependant ils choisirent des arbitres parmi les deux Communautés, et ordonnèrent que leur décision serait définitive; ceux de La Roche furent les nobles syndics Janus de Sales, Nicod d'Ogier, Georges d'Angeville, Henri Fichet (1) et André Orsier. Ceux de Thorens furent noble Aimé Marin, châtelain, Claude de Ponsard, et vénérables Henri et Jacques Croset. Ces arbitres pacifiques limitèrent les montagnes, assignèrent à chaque communauté ce qui lui appartenait. Les commissaires du prince en firent dresser un acte le 22 août 1485, et l'ayant autorisé et approuvé, tous les différends furent terminés.

Janus de Savoie, qui prit tant d'intérêt en faveur

(1) Par une reconnaissance des fiefs du seigneur de Loisinge, insérée dans les grosses de messire Barrillet de Gingins, en date du 22 avril 1493, il conste que cet Henri Fichet, notaire et commissaire impérial, originaire du Petit-Bornand, bourgeois et syndic de La Roche, était frère du célèbre Guillaume Fichet, recteur de l'Université de Paris en 1467, qui le premier introduisit l'imprimerie en France. Ses talents et son mérite le rendirent l'ami du cardinal Bessarion, qui le conduisit à Rome en 1470, où le pape Sixte IV le combla d'honneurs. Je donnerai la liste des ouvrages de ce Savant dans mon Dictionnaire de Savoie, ainsi qu'un précis de sa vie.

de La Roche, mourut en 1491, et gît avec son épouse dans l'église des dominicains d'Annecy.

Révérend JEAN DE CHISSÉ, chanoine de la cathédrale de Grenoble, devint plébain commendataire de La Roche en 1490; depuis longtemps il possédait plusieurs bénéfices à Grenoble, où sa famille tenait un rang distingué, comme on peut le voir dans Chorier, *Etat politique du Dauphiné*, vol. IIIe, page 186.

Sous ce plébain la communauté des altariens devint un corps de clergé subsistant; avant lui les membres de cette association ne résidaient point, quoiqu'ils perçussent les distributions des anniversaires et le revenu des chapelles unies à leur mense. Pour remédier à ces abus, Jean de Chissé les convoqua, et leur proposa de s'obliger à une résidence personnelle dans la ville de La Roche. Les altariens, qui étaient alors Révérends Jean Cumin, Aimon de Vorsier, Ansermond de Lavenay, Pierre Tournier, Hugues de Lucinge, Aimon d'Alby, Jean Velluz, Remy Petitty, chapelain du château de La Roche, Pierre Fabry, Jean Dunoyer, adhérèrent à la proposition du plébain de Chissé; ils dressèrent de nouveaux statuts, déterminèrent l'introge que chaque nouveaux membre devait payer, et en fixèrent le nombre à treize, y compris le plébain qui fut déclaré le chef de ce clergé, ainsi qu'on le voit dans l'acte qu'ils dressèrent le 16 décembre 1493, où furent

présents Anthelme de Saint-Sixt, Amédée d'Estan-
che de Bracorens, et le curé d'Arbusigny.

Jean de Chissé, pour consolider son ouvrage, fit
approuver les statuts que l'on venait de dresser par
Amblard Poyet, vicaire-général d'Antoine de Cham-
pion, évêque de Genève, le 31 de janvier 1494; il obtint encore du pape Alexandre VI une bulle, en date
du 14 des ides de juillet 1496, fulminée par André
de Malvenda, chantre de Genève, qui ratifiait et au-
torisait de nouveau l'érection et les statuts des altariens. Pierre de Vorsier fonda alors la chapelle de
La Balme, et obtint qu'on y baptiserait et enterrerait
tous les habitants de ce village; mais le plébain de
Chissé étant mort en 1497, les vicaires de La Roche
obtinrent de l'évêque de Genève que cette coutume,
qu'ils trouvaient trop gênante, serait supprimée.

Le 14 août 1507 un incendie considérable réduisit
en cendres les fours banaux qui appartenaient alors
au prince; le feu se communiqua aux maisons voisines et fit de grands ravages, ainsi que nous l'apprend l'inscription qui se voit sur la porte d'entrée
du sieur Gaud, notaire, où on lit :

Incendio Corruta
1507. 4à. Aug. Reedificata
A. Fund. Anno 1571. Lud.
Salterii-impensà.

Quatre ans après cette époque les nobles syndics
Humbert d'Angeville et Pierre Dechamboux se ren-

dirent à Chambéry auprès de Charles III, duc de Savoie, pour obtenir, en faveur de la ville, les fours banaux et la forêt du bois de *Fornet,* sous l'obligation de les tenir du fief de La Roche : les raisons qu'ils alléguèrent dans leur requête étaient, que les fours que l'on demandait avaient été totalement détruits par l'incendie de 1507, que la ville se chargeait de les rebâtir, si le prince voulait lui céder ses droits.

Charles III, duc de Savoie, par ses lettres-patentes du 3 décembre 1511, adhéra aux propositions des syndics et Conseil de La Roche, et leur inféoda en abergement perpétuel les fours et le bois de Fornet, sous la cense de 20 florins annuels. Cette patente en faveur de la ville de La Roche est insérée en entier dans les terriers du marquisat de La Roche, et il serait très à-propos qu'il y en eût un double dans les archives de ville.

Révérend PIERRE DE SOIRIER succéda à M. de Chissé dans la plébainie de La Roche; il n'est connu que par son testament, qui est de l'an 1515.

Révérend GUILLAUME DE VÈGE, qui fut son successeur en 1520, était prélat domestique du pape Clément VII, protonotaire apostolique, grand-vicaire et official de Genève; il augmenta les revenus des altariens, et fit dresser quelques statuts en 1520 pour l'administration de ce clergé. Un événement extraordinaire, arrivé en 1530, découvre un droit singulier que les plébains s'étaient arrogés, et qui faillit d'avoir à La Roche les suites les plus fâcheuses : on aurait peine à le croire, s'il n'était consigné dans deux actes authentiques conservés dans les archives de la collégiale.

A la mort de chaque particulier, les vicaires du plébain allaient avec un clerc spolier la maison du défunt, prenaient tous ses habits, son lit et tous les meubles de la chambre où il était décédé : cet usage était très ancien, les principales familles l'avaient voulu détruire ; mais les plébains, accrédités à la cour des princes de Genevois, l'avaient maintenu malgré les réclamations des bourgeois, qui regardaient cette servitude comme très odieuse et injuste.

En 1530, des particuliers très riches, ayant leur mère moribonde, virent avec peine qu'elle s'obstinât à demeurer dans une chambre ornée de meubles précieux qui, après sa mort, devaient passer au plébain : pour l'en priver ils résolurent de creuser une fosse dans le cimetière, où ils se proposèrent de déposer cette mère infortunée aussitôt qu'elle serait expirée. Cependant le moment fatal qui devait la priver de la vie ne s'accélérant point suivant leurs désirs, ils eurent la cruauté de l'enterrer dans l'état léthargique où elle se trouvait. Cette action barbare ne put s'exécuter si secrètement qu'elle ne transpirât dans le public : toute la ville, à cette nouvelle, frémit d'horreur, et les habitants regardant le plébain et ses vicaires comme la cause de cette atrocité, se rendirent à la maison presbytérale, la pillèrent, y mirent le feu, qui, s'étant communiqué au clocher de l'église paroissiale, qui était alors en bois, et sur le chœur, réduisit ces deux édifices en cendres.

Les altariens allaient être les victimes de la fureur du peuple : les bourgeois, qui tant de fois les avaient vu spolier leurs maisons à la mort de leurs parents, pillèrent les leurs par représailles : plusieurs jeunes gentilshommes qui avaient servi dans les guerres d'Allemagne, imbus des principes de Luther, saisirent cette occasion pour les introduire à La Roche, et proposaient au peuple de chasser le clergé. Mais les deux premiers syndics, qui étaient nobles Bertrand, Vuillaud, et Claude Pinsabin, firent venir de Genève le plébain de Vège, et lui représentèrent que le seul moyen de calmer le peuple et d'empêcher les suites que pouvait avoir la sédition, était de renoncer au droit du *Spolie*, et d'accepter en indemnisation quinze livres genevoises de revenu annuel que le Conseil lui offrait; le plébain y consentit, ainsi qu'on le voit dans la transaction du 17 juillet 1530, se réservant seulement d'exercer ses droits sur les étrangers qui ne seraient pas bourgeois de La Roche. Par cet accord tout fut tranquille, et la communauté pourvut aux moyens de rebâtir l'église et le presbytère, que le peuple, dans ses premiers moments de fureur, avait réduit en cendres.

A peine les troubles de La Roche étaient-ils apaisés, que M. de Vège eut de nouveaux embarras par

ceux que les disputes sur la religion firent naître à
Genève pendant qu'il était official et grand-vicaire :
les Bernois avaient envoyé dans cette ville Guillaume
Farel, dont les instructions et les succès alarmèrent
le clergé. M. de Vêge le cita à son tribunal comme
juge des excès, et après l'avoir entendu, il le fit sor-
tir de la ville. Ce plébain fut présent à Chambéry, en
1534, à la vérification que le cardinal de Gorrevod
fit de la relique du Saint-Suaire, qui demeura entière
dans la Sainte-Chapelle, quoique l'armoire d'argent
où elle était renfermée eût été fondue par les flammes qui réduisirent en cendres cet édifice : il mourut en 1535, et ordonna par son testament que son
convoi serait suivi de vingt-quatre pauvres, auxquels
il légua un habillement et une somme assez considérable. Il fut enterré dans la chapelle de Notre-Dame
de Grâce de La Roche qu'il avait fait bâtir, et à laquelle Clément VII accorda plusieurs priviléges. On
lit sur son tombeau l'épitaphe suivante :

Depositum Guillelmi De Vegio

17 Janv. — — 1535

7 Maii — — 1547

inveni — — — portum

Spes et Fortuna valete,

Nil mihi vobiscum,

Ludite nunc alios,

V — B

Révérend JEAN DE GINOD, prévôt de la cathédrale, official, grand-vicaire de la cité d'Aoste,

prieur de Saint-Benin, fut le successeur de M. de
Vége; il fut chargé de diverses commissions importantes par le duc de Savoie, dans iesquelles il mon-
tra beaucoup d'esprit et de sagacité. Il résigna sa
plébainie à Pierre de Lambert, évêque de Caserte,
l'an 1535.

DEUXIÈME PARTIE

—

Depuis l'érection de l'église de La Roche en Collégiale, l'an 1536, jusqu'à l'inféodation de la ville et seigneurie du même lieu, en titre de marquisat, à la Maison de Granery, l'an 1682.

PIERRE DE LAMBERT, évêque de Caserte dans le royaume de Naples, naquit à Chambéry, de Philibert de Lambert, trésorier de Savoie, et de Philippine Lottier ; il embrassa de bonne heure l'état ecclésiastique, et fut pourvu d'un canonicat à la cathédrale de Genève : ses frères furent l'un évêque de Maurienne, et l'autre de Nice. Ayant fait ses études à Rome avec distinction, le pape le fit premier abréviateur de sa cour et référendaire des deux signatures : son mérite lui procura l'évêché de Caserte, suffragant de Capoue, le 10 février 1533 : il fit ensuite, par commission du Saint-Siége, la translation de l'évêché de Magdelone à Montpellier. Il avait déjà fait bâtir à Annecy le couvent sur le sol duquel Monseigneur Biord a fait édifier son palais épiscopal en 1784, et l'église qui sert aujourd'hui de cathédrale : il y établit des célestins en 1523 ; mais à la prière de la duchesse d'Orléans, comtesse de Genevois, il leur substitua des cordeliers le 23 mai 1535, qui ont été supprimés par bref du 24 août 1771, lorsque le pape Clément XIV accorda cette église et le couvent à l'évêque et aux chapitre de Genève.

Aussitôt que Jean de Ginod, prévôt d'Aoste, eut résigné à Pierre Lambert la plébainie de La Roche, ce dernier sollicita à Rome pour la faire ériger en collégiale insigne ; le Pape Paul III fit cette érection par bulle du 7 des calendes de février 1536 ; il composa la nouvelle collégiale d'un primicier, seule dignité, d'un archidiacre, d'un custode et de quinze canonicats, dont trois sont annexés aux trois premiers bénéfices ; le pape nomma et institua Pierre de Lambert premier primicier, et le Conseil de La Roche, qui avait promis de doter le chapitre de mille écus d'or, obtint la nomination et le patronage des autres prébendes dont le chapitre est collateur ; le pape réserva au Saint-Siége la seule institution du primicier qui prend ses bullés en cour de Rome, en payant l'annate.

Paul de Capilionibus, évêque de Néocatrensi, fulmina à Rome la bulle d'érection le 10 février 1537, et commit les doyens de Sallanches et d'Annecy pour la mettre en exécution. Révérend Claude de Bellegarde, doyen de N.-D. d'Annecy, se rendit à La Roche le 27 mars de la même année, et accompagné

de Révérend Pierre Curtil, chanoine de la cathédrale de Genève, procureur de l'évêque de Caserte ;
il mit en possession les nouveaux chanoines que le
Conseil de La Roche avait nommés en présence de
M. Chevalier, châtelain du comte de Genevois ; les
syndics, qui étaient nobles Pierre du Martheray et
Pierre de la Grange, conduisirent les nouveaux chanoines à l'église collégiale, et après avoir pris possession, ils commencèrent le premier office par le
chant des petites heures et d'une grand'messe, où
officia le doyen d'Annecy.

En cette même année 1537, conformément à ce
qui s'était pratiqué sous les plébains, le chapitre et
la ville transigèrent pour le prédicateur du carême :
sa nomination fut réservée au chapitre, et son entretien à la charge des deux corps. L'année suivante
(1538), les chanoines dressèrent, le 28 mai, les statuts
de leur collégiale, que le pape Paul III approuva
dans la suite, ainsi que le Conseil de ville, et du depuis, conformément à la bulle d'érection, ces statuts
sont devenus une convention obligatoire, tant pour
le chapitre que pour la ville, laquelle ne peut souf-
frir aucune altération quelconque, sans le consentement exprès des deux parties intéressées, qui seules
ont ce pouvoir.

Le pape Paul III, sur la résignation de Révérend
Pierre du Martheray, unit la cure de Rambod à la
mense capitulaire par bulle du 24 novembre 1538.

Suivant Uguelli, dans son *Italia sacra*, vol. VI,

page 511, Pierre de Lambert fut fait évêque de Caserte par le pape Clément VII, le 10 février 1533; il
fit ériger dans sa cathédrale une place de doyen
dont il obtint la confirmation du pape Paul III : il
mourut à Rome en 1541, et fut enseveli dans la basilique Libérienne, où l'on voit son mausolée, sur lequel sont sa statue et ses armoiries, avec l'épitaphe
suivante qui prouve que ce prélat était un homme
de bien.

Petro Lamberto Allobrogi, præsuli
Casertano, vitæ innocentissimæ viro
Principalibus libellis litterarum referendis,
Formandis, Castigandis proposito,
De omnibus benè merito.

On voit sur la porte d'entrée du vestiaire de la cathédrale à Annecy le portrait de Pierre de Lambert
dont nous venons de parler.

Révérend JEAN DE VÈGE, chanoine official de
Genève, fut pourvu de la dignité de primicier après
la mort de l'évêque de Caserte, dans un temps où le
chapitre eut de grands démêlés avec Révérend Henri
Girod, qui s'était fait instituer curé de Rambod, malgré l'union qui en avait été faite à la mense capitulaire. Quelques années après, la peste fit de grands
ravages à La Roche, la plupart des habitants s'en-
fuirent, l'église collégiale fut fermée, et il n'y eut
que deux prêtres assez courageux et assez zélés pour
se dévouer au soulagement des pestiférés. Ce cruel

fléau fit périr un nombre prodigieux de personnes, que l'on ensevelissait à la *Plafetaz* et au pré de Sales rière Eteaux. Ce triste événement se trouve rapporté dans la bulle du pape Paul III, en date du 5 des nones de mai 1546, obtenue par noble Boniface de La Grange, notaire de la Chambre apostolique, pour faire construire deux chapelles dans les deux endroits dont nous venons parler, et où étaient ensevelis plusieurs de ses parents.

Révérend SÉBASTIEN SAULTIER DE LA BALME succéda au primicier de Vêge en 1552 ; c'est de son temps que l'on travailla avec beaucoup d'activité à rebâtir l'église collégiale : on avait déjà élevé les piliers en 1517 ; cet ouvrage, interrompu plusieurs fois, ne fut totalement achevé qu'en 1560.

Révérend JEAN D'ANGEVILLE, curé de Saint-Romain et de Saint-Jean-de-Tholome, succéda en 1560 au primicier Saultier. Il se rendit à Chambéry avec le chanoine Antoine Peguet auprès d'Emmanuel-Philibert, duc de Savoie, pour obtenir de ce prince que le chapitre de La Roche, dont les revenus étaient très modiques, fût exempt de payer les décimes que le pape lui avait accordés pour faire la guerre aux Vaudois.

M. Berod, trésorier de Savoie, se rendit à La Roche, par commission de la Chambre des Comptes, afin d'informer sur la pauvreté que le chapitre avait al-

léguée, pour obtenir sa demande. Les témoins qui
furent entendus, l'an 1562, étaient les nobles Jean
d'Angeville, Mamert Déage, seigneur de Mesmes,
Claude de Constantin, Nicolas de Chamot, et Etienne
de Métral, tous bourgeois nobles de La Roche, qui
attestèrent que les revenus du chapitre étaient de
mille à douze cents florins. En conséquence de cette
information, Louis Alardet, évêque de Lausanne,
qui était commissaire-général de l'imposition ecclésiastique en Savoie, adhéra à la demande du chapitre, et la Chambre des Comptes, par arrêt du 24
octobre 1562, l'exempta des décimes et de toutes impositions.

C'est dans ce temps que le Conseil de La Roche
obtint des princes de Némours la confirmation de ses
priviléges; la princesse Charlotte d'Orléans, épouse
de Philippe de Savoie, duc de Némours, ayant son
douaire assigné sur le château de La Roche, accorda,
sous le servis annuel de six deniers, que la bourgeoisie pourrait faire faire un poids pour les denrées
et les farines, dont le revenu appartiendrait à la
ville. Le primicier Jean d'Angeville mourut en 1567.

Révérend CLAUDE D'ANGEVILLE, son neveu, lui
succéda; il fut pourvu de bonne heure d'un canonicat à la cathédrale de Genève, et fut fait aumônier
du duc de Genevois. Dom Claude de Granier, évêque
de Genève, connaissant son mérite et toute l'étendue
de ses lumières, le fit grand-vicaire et official de son

diocèse, emplois qu'il exerça l'espace de douze ans, depuis le 29 juin 1579 jusqu'en 1591 ; le chapitre, pendant tout ce temps, lui accorda ses gros fruits, ainsi qu'il en était convenu par transaction du 10 novembre 1579, Furier, notaire.

Ce primicier, qui fut une des grandes lumières du diocèse de Genève, établit l'ordre et la discipline parmi les membres de son chapitre ; défendit ses droits avec un zèle et une intelligence peu commune, soit par-devant le Sénat, soit à Rome, soit devant le tribunal de l'évêque, et réussit dans tout ce qu'il entreprit. Les comptes qu'il rendit de son administration sont curieux par les faits historiques dont il les a ornés ; on y trouve les principaux événements arrivés à La Roche et dans une partie du diocèse depuis 1560 jusqu'en 1600, et ils nous serviront de preuves dans ceux que nous allons raconter. Le caractère du primicier Claude d'Angeville était vif, austère et très incliné à punir sévèrement les ecclésiastiques déréglés. Ayant demandé à l'évêque Dom Claude de Granier de pouvoir faire à toute rigueur le procès aux prêtres débauchés du diocèse. *Tout beau, M. d'Angeville*, lui répondit le doux et pacifique prélat, *la miséricorde devance la justice dans la ville des anges, je vous prie de garder cette méthode dans la correction de mes prêtres.* (Voyez Dom de Constantin, dans la *Vie de Dom Claude de Granier, évêque de Genève*, page 118.)

Il eut d'abord quelques différends avec son chapitre, pour introduire de nouveaux statuts qu'il avait dressés, et pour les prérogatives qu'il croyait attachées à sa dignité; mais ses projets, quoique louables, n'eurent aucun succès; il fut même condamné par sentence du Conseil de Genevois.

Fondation du collége de La Roche.

Dans les grosses du commissaire Barillet on trouve qu'en 1440 il y avait déjà des écoles publiques à La Roche; Jean Mathel en était recteur en 1440, et Jean d'Anvin en 1493 (1); mais ce ne fut qu'en 1561 que cet établissement prit une forme stable. Un prêtre, nommé Jean d'Angeville, conçut le projet de cette utile institution; il donna sa maison pour y enseigner publiquement la grammaire : Antoine Peguet, chanoine de la collégiale, Pierre Collet, prêtre, Pierre Callier, M. François Bally, et ses fils Jacques et Nicolas, augmentèrent sa fondation par différents légats en 1568 et 1569 (2).

Le Conseil de ville acheta des hoirs de François Bally les places qui forment aujourd'hui la cour et les jardins du collége par acte du 6 des kal. de janv. 1569. Plusieurs maisons nobles de la ville voulurent contribuer à la fondation de cet établissement, et se

(1) En 1535, François de Sales, père du saint évêque de Genève, et son frère Louis firent leurs premières études au petit collége de La Roche. *P. Histor.*, pag. 432.
(2) Voy. les Statuts du collége de La Roche, art. 1 et 2.

cotisèrent pour faire, des maisons achetées et léguées, un collége distribué pour former des classes et une chapelle, et y loger les professeurs. Noble Claude Millôt, seigneur du Quarre, et Marguerite de Viry, son épouse, léguèrent 2,000 florins pour les réparations nécessaires ; Révérend François Pinsabin, custode de la collégiale, prieur de Saint-Sulpice et curé de Mouts en Chautagne, fit construire la porte principale, comme l'atteste l'inscription que l'on y voit encore aujourd'hui (1), et noble Jean de Chamboux fonda la messe quotidienne des étudiants. Dans la suite, l'archidiacre Piddet, le chanoine Perronis, curé de Pers, et Antoine Bouvard, bourgeois de La Roche, secrétaire du Conseil ducal de Genevois, augmentèrent les fondations précédentes, ainsi que Claude et Aimé Longet, qui léguèrent deux pièces de terre, situées au Coudray, rière Eteaux. Telle est l'origine du collége de La Roche, dont l'administration éprouva différentes variations, comme nous l'observerons dans la suite. Le primicier d'Angeville nous apprend dans ses comptes rendus au Conseil de

(1) Voici cette inscription, qui a été conservée lorsqu'on a fait rebâtir le collége en 1759 :

R. D. F. PINSABIN
PRIOR STI SULPITII, CURAT.
DE MOZ, AC ECLES. RUPEN
CUSTOS, PORTAM HANC
AD PUB. UTILITATEM
EREXIT. ANNO 1569.

ville sur Saint-Sixt, comment les revenus du collége
furent augmentés par l'union de cette paroisse à la
mense capitulaire. Révérend Pierre Collet, qui fut
le premier préfet du collége de La Roche, en 1571,
était en même temps curé de Saint-Sixt; il proposa
d'unir sa cure à la collégiale, et d'appliquer la moitié
des revenus au collége. Révérend Jacques de Vége,
archidiacre, le chanoine François Longet, plébain de
Samoëns, et Pierre Collet, se rendirent auprès d'Ange
Justinien, évêque de Genève, en 1573, pour obtenir
son consentement sur l'union projetée : l'évêque
n'ayant rien voulu accorder, on s'adressa à Galois de
Regard, évêque de Bagneray, qui résidait à Clair-
mont. Ce prélat écrivit au cardinal Alciat, pour
obtenir du pape l'union demandée. Le pape, avant
que de prendre aucune détermination, voulut auparavant que l'évêque de Bagneray fît une information
juridique sur les avantages ou désavantages de l'u-
nion ; en conséquence il se rendit à La Roche, et il
résulta des témoins qu'il entendit, que le dessein du
curé Collet était très utile, soit pour l'entretien des
professeurs du collége, dont le nombre des étudiants
était d'environ trois cents, soit pour celui des chanoines, dont les revenus étaient très modiques ; que
cette union ne préjudicierait point à la paroisse de
Saint-Sixt, puisqu'elle serait desservie par un chanoine de La Roche, et que deux enfants de cette
paroisse seraient élevés dans le collége, et perce-
vraient le quart du revenu de la cure.

Le pape Grégoire XIII, ensuite de cette information, admit la supplique du chapitre et de Pierre
Collet, unit et annexa à perpétuité l'église de Saint-
Sixt à la collégiale de La Roche par bulle du 13 avril
1574, sous la réserve que les revenus de cette église,
toutes charges auparavant supportées par le chapitre
et le collége de La Roche, seraient perçus pour une
moitié, par la mense capitulaire, et pour l'autre,
applicable au collége, et divisible en deux portions
égales pour l'entretien du préfet et des deux régents, et pour celui de deux jeunes pauvres écoliers,
fils des principaux habitants de Saint-Sixt, élus et
nommés par le syndic et le procureur de cette
paroisse.

Voici cette clause telle qu'elle est dans la bulle :

*Ità tamen quod fructus, redditus et proventus eju s-
dem Ecclesiæ SANCTI SIXTI, omnibus illius oner i-
bus, communiter inter Capitulum, ac Collegium
scholarium ejusdem oppidi supportatis, pro unâ,
mensæ, alterâ verso medietatibus. Collegio, in quo ad
presens trecenti scholares, ingenuis artibus continuam
operam impendentes commorantur, ac cujus redditus
tenuissimi existant, pro subventione ejus magni Rec-
toris, ac aliorum duorum præceptorum dicti Collegii :
nec non et duorum juvenum pauperum scholarum fi-
liorum principalium dicti loci Sancti Sixti, pro
tempore existentium, per ejusdem loci Sindicum et
Procuratorem pro tempore existentem, eligendo-
rum et nomminandorum, ac in eodem Collegio amore*

*Dei educandorum CONGRUA SUSTENTATIONE,
ÆQUIS PORTIONIBUS DIVIDENTI , perpetuis,
futuris temporibus percipi debeant.*

Après l'union de l'église de Saint-Sixt à la collégiale, le chapitre statua, le 14 octobre 1574, que les deux derniers chanoines promettraient par serment, le jour de leur entabulation, de desservir Rambod et Saint-Sixt ; et pour que ce statut eût les formalités requises par la bulle d'érection, il fut approuvé par le Conseil général de la bourgeoisie le 18 décembre de la même année, et autorisé et homologué dix ans après par Dom Claude de Granier, évêque de Genève, à l'instance du primicier Claude d'Angeville, son grand-vicaire. Cinq ans après, le Conseil de La Roche fit dresser par MM. Collet et Peguet un réglement pour le collége, tant pour son administration temporelle que spirituelle.

Statuts du collége de La Roche.

Ces statuts, qui sont écrits en très bon latin, sont divisés en deux parties. La première comprend treize articles, et la seconde est un réglement spirituel composé de sept lois, dont voici le précis :

Première partie. L'article premier spécifie les légats faits au collége et leur destination.

L'article second parle de l'acquisition de la grande maison du collége, faite par le Conseil de ville, des frères Bally.

L'article troisième est une déclaration des syndics
et Conseil, portant que le collége ne sera habité que
par les professeurs, que ses édifices ne seront desti-
nés qu'à y enseigner la jeunesse, et ne pourront
jamais servir à aucun autre usage.

Par l'article quatrième, l'administration du collége
est confiée aux syndics et au préfet du collége.

Par l'article cinquième, les syndics et le conseil
doivent seuls nommer le préfet et les professeurs ;
et pour les régents, ils doivent consulter le préfet, et
avoir égard à ses représentations.

L'article sixième regarde les devoirs des régents
envers le préfet.

Par l'article septième, le préfet et les professeurs
sont déclarés exempts de faire la garde aux portes de
la ville, de loger des soldats et de supporter aucunes
impositions ni corvées pour le compte de la Communauté ; et il est déclaré dans cet article que les enfants de la ville seront enseignés gratis.

L'article huitième explique l'autorité et les devoirs
du préfet et des professeurs, qui sont encore répétés
dans les articles neuf et dix.

Par l'article onzième, il est déclaré que les écoliers étrangers paieront trois florins par année
pour l'entretien et l'honoraire des professeurs, jusqu'à ce que le collége ait des revenus suffisants pour
pouvoir enseigner gratuitement.

Par l'article douzième, les administrateurs du collége doivent élire parmi les bourgeois un procureur

chargé de défendre les droits et de percevoir les revenus du collége ; et par le treizième **article**, il est ordonné que tous les titres du collége seront conservés dans une armoire particulière, déposée dans l'archive de l'hôtel-de-ville et fermée à trois clefs, dont les syndics en auront une, le préfet du collége une autre, et un bourgeois la troisième ; et afin qu'aucun titre ne pût s'égarer, on devait en dresser deux inventaires, dont le préfet devait avoir un double, ainsi que de tous les titres s'il le jugeait à propos.

Le réglement spirituel ordonne aux écoliers d'assister tous les jours à la messe, de prier pour les bienfaiteurs du collége, de s'approcher des sacrements, et d'assister au catéchisme les jours de dimanches et de fêtes.

Tous ces statuts furent approuvés par un conseil extraordinaire, convoqué le 25 de janvier 1579, auquel assistèrent nobles Louis Chevrier, châtelain du prince, les quatre nobles syndics Jean Daniel, Mammert du Vorsier, Aimé Babuti, et Pierre du Martheray, et les conseillers Pierre et Jean de Chamboux, Hugues Longet, Claude du Martheray, Pierre Constantin, François Dépiroz, Me Claude Touvier, François Nicod, Jean Legeret, Humbert Ratelet, Pierre Longet, Claude Janin, Jean Dumont, messire Pierre Coudurier, Louis dessous le Crit, Claude Saultier, Claude de Medio, Jean Bolley, Jacques Bretel, Jean-Jacques Contat, Hugonin Rosset, Jacques Forestier,

Guichard Dompmartin, André Biollut, Maurice Lafin, Jean Rattelet, etc., acte reçu par Me Delavenay, notaire et secrétaire de ville.

Claude de Granier, évêque de Genève, approuva et autorisa ces statuts par ses lettres datées du 7 avril 1579, sous la réserve que le préfet et les professeurs feraient la profession de foi prescrite par le Concile de Trente, et ajouta : *Districte præcipientes, ut nullus huic sancto Rupensium instituto, impedimentum facere, vel afferre audeat, quin potius omnes, per viscera misericordiæ, Dei nostri hortamur, ut, aut illud promoveant, aut imitentur*, etc.

Le Conseil de Genevois, par sentence du 10 avril de la même année, entérina et homologua les statuts dont nous venons de parler, sous les réserves portées par les conclusions des procureurs fiscaux du duc de Genevois et de Némours, dont les droits sont réservés, et sous la condition expresse que l'autorité du préfet du collége ne s'étendra que sur les régents et les écoliers pour les fautes légères, et qu'en tout, les professeurs observeront les édits du duc de Savoie, les arrêts du Sénat et autres mandements du magistrat ordinaire (1).

---

(1) Mgr de Thiollaz, prévôt de la cathédrale de Chambéry et vicaire général du diocèse, ayant acquis l'ancien couvent des Bernardines, vient d'y établir (1807), un petit-séminaire qui ne peut manquer d'avoir le plus grand succès, et de procurer les plus grands avantages à La Roche et à ses environs. Outre la beauté et la distribution du local, la salubrité d'un air pur, l'abondance et la qualité des denrées de toutes espèces, le choix des directeurs, tous ecclésiastiques et professeurs du collége, assurent aux pères

La même année, Révérend Pierre Collet, se repen-
tant de la résignation qu'il avait faite de la cure de
Saint-Sixt pour l'unir à la collégiale de La Roche, se
joignit avec les habitants de cette paroisse pour obtenir la cassation de l'union. Noble Pierre de Saint-
Sixt obtint du pape commission à l'évêque de Genève
de se rendre à Saint-Sixt pour informer sur les
motifs que la paroisse proposait. Pendant tous ces
débats, les syndics de La Roche, qui étaient Jean
Daniel, Mammet de Vorsier et Aimé Babuty, accom-
pagnés de deux notaires, allèrent sommer Nicolas
Chenevaz dit *Balme*, procureur de la communauté
de Saint-Sixt, Berthod Balme, Me François et Nicolas Garnier, et Julian Janin, paroissiens dudit lieu,
*d'avoir à nommer deux pauvres enfants de leur pa-
roisse, pour être entretenus et enseignés dans le collége de La Roche, conformément à la bulle d'union du
pape Grégoire XIII,* lesquels répondirent *qu'ils n'a-
vaient point affaire à leur bailler enfants pour nourrir,
que premièrement ne fût connu sur la dissolution de*

de famille que l'éducation de leurs enfants y obtiendra ce degré
de perfection et de succès dans les sciences et dans les vertus
civiles et religieuses que l'on doit se promettre de l'intelligence,
de l'activité et du zèle éclairé du fondateur de ce nouvel établissement. — *Dictionnaire historique* de Grillet.

L'évènement a parfaitement justifié la prédiction du chanoine
Grillet. Le petit-séminaire de La Roche a fourni des hommes
distingués dans le clergé, dans la magistrature, dans l'armée et
dans l'industrie. Les supérieurs et préfets ont été, jusqu'en 1860,
MM. le chanoine Favre, le chanoine Pasquier, le chanoine Delé-
traz, l'abbé Rulland, le chanoine Grosset et le chanoine Grobel.

Le 13 décembre 1857 un prix d'honneur annuel de 100 fr. a été
fondé par les anciens élèves du collége. — A. P.

ladite cure, et protestèrent de répondre plus ample-
ment et pertinemment par conseil quand besoin serait,
ainsi qu'on le voit dans l'acte de sommation du 28
mai 1579, signé par les notaires Delavenay et
Lalliard.

L'évêque de Genève, Dom Claude de Granier,
n'ayant trouvé aucun fondement légitime dans les
raisons qu'alléguait la communauté de Saint-Sixt,
confirma les dispositions de la bulle d'union et condamna la paroisse à payer les folles dépenses qu'elle
avait occasionnées par ses prétentions chimériques.
Révérend Collet se désista de ses poursuites, et ayant
été nommé chanoine de la collégiale l'année suivante,
le chapitre et la ville le laissèrent jouir du revenu du
bénéfice de Saint-Sixt jusqu'à sa mort, arrivée le 12
juillet 1587. (Voyez page I des *Comptes de Saint-Sixt,*
et page V de ceux du *Primicier d'Angeville.*)

Malgré la sentence de l'évêque de Genève, noble
Pierre de Saint-Sixt, écuyer du duc de Savoie, résolut
d'obtenir du pape même ce qu'il n'avait pu de la
commission de l'ordinaire. Muni des lettres de son
souverain et de celles de noble de Saint-Sixt, seigneur du Saint-Esprit, son cousin, général des finances du pape dans le Comtat Venaissin, il se rendit
à Rome en 1586, et après six mois de sollicitations,
qui lui coûtèrent six cents écus de dépenses, il obtint
une bulle adressée à l'évêque de Maurienne, portant
commission de désunir Saint-Sixt de la collégiale et
du collége de La Roche. Cet évêque cita à son tribu-

nal le chapitre et le Conseil de La Roche ; mais le primicier d'Angeville interjeta au Sénat appel comme d'abus de sa commission en 1587, et par ce moyen éluda son jugement.

Ce procédé irrita tellement les paroissiens de Saint-Sixt, qu'ils refusèrent d'assister à la messe de paroisse et de s'adresser au chanoine qui y résidait pour l'administration des sacrements ; ils élurent même Révérend Pierre Borel pour leur curé, et en cette qualité ils lui payèrent toute la dîme de la paroisse. Ce prêtre, depuis le commencement de juillet jusqu'à la fin d'octobre 1587, fit le service divin et célébra les saints mystères sous un chêne, au milieu du grand pré du seigneur de Saint-Sixt, et allait baptiser les enfants de la paroisse dans l'église de Saint-Laurent. Le primicier d'Angeville en ayant été instruit, se rendit de Duingt, où il résidait avec une partie de la cathédrale de Genève (à cause de la peste qui ravageait Annecy), auprès de l'évêque qui était à Viuz-en-Sallaz, duquel il obtint des ordres, qu'il fit signifier au susdit Révérend Borel par messire Michel de Constantin, curé d'Annecy, qui lui intima, de la part de l'évêque, de ne plus célébrer la messe dans un pré, ni d'administrer aucun sacrement aux habitants de Saint-Sixt, et à ceux-ci de ne le reconnaître en aucune manière pour leur curé.

Révérend Borrel éluda cette défense, en conduisant les jours de dimanches et de fêtes les paroissiens de Saint-Sixt à Saint-Laurent. L'évêque fut forcé de faire informer contre lui : François de Chissé, official du diocèse, le condamna aux peines les plus sévères, et le fit emprisonner. Cet acte de sévérité intimida les paroissiens de Saint-Sixt, et du depuis ils s'accoutumèrent à se rendre à leur église paroissiale, et à reconnaître le chanoine Dupraz pour leur pasteur légitime. Enfin les différends qui divisaient depuis quatorze ans la paroisse de Saint-Sixt, le chapitre et le collége de La Roche, furent totalement terminés par arrêt du Sénat du 16 mai 1588, par lequel la commission de l'évêque de Maurienne fut déclarée nulle et abusive, l'union de la cure de Saint-Sixt confirmée, et cette paroisse condamnée à 650 florins de dépens. (Voy. les pages 8, 10 et 11 des *Mémoires du primicier d'Angeville*, et la page 4 des *Comptes de Saint-Sixt, rendus en 1594 au Conseil de ville.*)

La ville de La Roche fut cruellement affligée par la peste l'an 1587, la plupart des habitants l'abandonnèrent et cherchèrent ailleurs un asile contre ce fléau destructeur ; le service divin cessa dans l'église collégiale à cause du grand nombre de pestiférés que l'on y avait déposés sans les ensevelir. Le primicier d'Angeville raconte dans ses *Mémoires*, pages 10 et 12, que Dom Claude de Granier, évêque de Genève, ayant ordonné, dans le synode de 1586, que tous les ecclésiastiques de son diocèse eussent à quitter le bréviaire du diocèse pour réciter celui imprimé par ordre du Concile de Trente, il se rendit à La Roche, et assembla le chapitre dans le château des Chêres, où il lui proposa cette ordonnance de l'évêque. Chaque membre résolut d'accepter le bréviaire romain, aussitôt que la peste cesserait dans la ville ; en conséquence l'église qui avait été fermée depuis le mois de mai jusqu'à la fin décembre, fut nettoyée et purifiée, et le jour des saints Innocents, 28 décembre 1587, le chapitre rentra dans l'église collégiale, et se servit à vêpres du bréviaire romain pour la première fois.

A peine les habitants de La Roche furent-ils délivrés de la peste, que la guerre qui s'alluma en 1589 entre les Genevois et le duc de Savoie leur fit éprouver des maux pires que les précédents. L'armée du duc, en allant en Chablais, s'empara de tous les blés qu'elle trouva dans les environs de la ville, et, dans un temps de désordre, ce fut en vain que l'on réclama contre l'injustice.

Le 19 mars 1590, quatre compagnies de cavalerie et une d'infanterie sortirent de Genève, prenant le chemin du Faucigny : la cavalerie ayant passé l'Arve au gué proche le pont d'Etrambières, se rendit le 29 du même mois, à trois heures du matin, devant la porte de la Perrine, à laquelle ayant attaché le pétard, et la porte ayant été enfoncée, les Genevois égorgèrent la garde, qui était composée de dix bourgeois, qui eurent à peine le temps de se reconnaître (1).

(1) Voy. Spon, *Histoire de Genève*, vol. Ier, liv. 3, pag. 367.

L'alarme se répandit aussitôt dans la ville ; Révérend Pierre Damex, chanoine secrétaire de la collégiale, se rendit en diligence à l'église, avec ce qu'il put rencontrer de bourgeois courageux, pour en défendre l'entrée aux Genevois. Son zèle et sa fermeté furent inutiles : environné de toutes parts, percé de coups, il fut tué d'un coup d'arquebuse dans l'instant où il *implorait Jésus-Christ de ne pas permettre que ces furieux profanassent son temple* (1) : les valeureux bourgeois qui avaient été les compagnons de sa fermeté le furent aussi de son martyre ; ils se firent tous tuer l'un après l'autre, et leur mort permit à leurs assassins nocturnes d'entrer dans l'église. Conduits par un fanatisme aveugle, ils ne respectèrent rien dans le lieu saint, déchirèrent tous les livres de chants qu'ils trouvèrent dans le chœur, foulèrent aux pieds la sainte Eucharistie, les reliques, brisèrent les statues et les images, et pillèrent les vases sacrés, les ornements et tous les titres dont ils purent s'emparer ; ils entrèrent ensuite chez les particuliers, ruinèrent leurs maisons, et y firent un butin considérable de meubles et d'habits.

Gabier, un de leurs capitaines, fit prisonnier noble Etienne Philippe de Constantin, seigneur de Moussy, qui s'était rendu à La Roche pour pourvoir à la subsistance des troupes que le duc de Savoie devait y envoyer : on lui prit tant en chevaux qu'en argent

(1) Voyez le 4e liv. C. pag. 1.

pour la somme de 3,500 florins. Arrivé à Genève, le Conseil de cette ville fixa sa rançon à 3,000 écus d'or, dont il n'en paya cependant que 1,000 pour obtenir son élargissement (1).

La venue inopinée des Genevois fit prendre aux habitants de La Roche de plus grandes précautions pour leur sûreté ; le Conseil de ville fit réparer les portes et les murs qui avaient été endommagés, et le duc de Savoie forma plusieurs compagnies de bourgeois, exercées par des gentilshommes qui avaient à leur tête noble Antoine Saultiers de la Balme, que le prince créa colonel de cette milice urbaine.

Le duc de Savoie, Charles-Emmanuel Ier, envoya ensuite à La Roche trois cents cavaliers napolitains, quelques arquebusiers et six compagnies d'infanterie. Le dernier de décembre 1591, Sancy vint avec deux mille Genevois investir le château de Boringe, et fit élever une batterie de trois canons pour le réduire : la garnison de La Roche tenta de faire lever ce siége ; mais Christophe Guevara, qui la commandait, perdit dans le combat soixante lanciers espagnols, et le reste de ses troupes fut poursuivi jusqu'auprès de Loche, où la cavalerie savoisienne arrêta les Genevois (2).

Olivarès, général espagnol, vint renforcer la gar-

(1) Tous ces faits m'ont été communiqués par feu noble Jean-Baptiste de Constantin de Magny, capitaine dans le régiment de Genevois, et j'en ai vu les pièces justificatives dans son archive, scellées du grand sceau de la République de Genève.
(2) Spon, *ibid*.

nison de La Roche; il se rendit dans cette ville le 11
février 1592 avec six mille fantassins, quatre cents
dragons et cinq cents lanciers, commandés par le
chevalier de Sonas, le marquis de Treffort et le
comte de Châteauneuf. Pendant ce temps, les Genevois ne cessèrent de piller les châteaux des environs,
et celui de Polinge fut brûlé le 28 février de la même
année.

Le baron de Conforgien ne fut point intimidé par
l'armée qui était en garnison à La Roche; le 7 de
mars 1592 il vint la braver avec deux cents Genevois
et cent cavaliers : il se rendit de grand matin auprès de cette ville, fit attaquer les corps-de-garde
par une partie de ses gens, tandis que l'autre pillait
les faubourgs. Les Genevois tuèrent d'abord trente
soldats, et en firent quatre prisonniers; mais voyant
que les bourgeois et la garnison allaient les charger,
ils se retirèrent en grande diligence.

Les fréquentes attaques des Genevois inspirèrent
de la vigilance aux bourgeois de La Roche; chaque
soir ils montaient la garde avec la garnison, qui
n'était plus que de cinq cents hommes; le chapitre
députait même deux de ses membres pour veiller
avec la bourgeoisie à la sûreté du public, et l'on crut
qu'il était prudent de faire transporter à Annecy et
dans l'abbaye d'Entremont les titres et les meubles
les plus précieux, de peur qu'ils ne tombassent entre
les mains de l'ennemi qui, pour lors, ne cherchait
qu'à piller et à détruire.

L'année suivante, 1593, l'évêque de Genève vint réconcilier l'église et le cimetière de La Roche qui avaient été pollués en 1590 par les meurtres des Genevois, et quelques mois après toute la ville se rendit en procession à Cluses en Faucigny pour remercier le Ciel de ce que la paix avait ramené le calme et la tranquillité. Loin de jouir de ces avantages, le chapitre et le Conseil de ville s'intentèrent cinq procès à la fois; le chapitre demandait les 1,000 écus d'or de sa dotation, le Conseil de son côté voulait obliger les chanoines à monter toujours la garde aux portes, à loger les soldats, et demandait qu'on lui rendît compte de la ferme de Saint-Sixt. Les esprits s'aigrissaient à mesure que les difficultés se multipliaient, lorsque Dom Claude de Granier leur proposa de prendre pour arbitres de leurs différends les sénateurs Favre et de Rogès, qui, le 15 octobre 1594, firent transiger les parties sur dix-huit articles qui les divisaient.

Le duc de Savoie Charles-Emmanuel Ier ayant résolu de rétablir la religion catholique dans le Chablais, l'évêque de Genève, ensuite des ordres du prince, chargea saint François de Sales de ramener cette province à la doctrine de l'Eglise catholique. Après qu'il eut tenté toutes les voies de la persuasion et de la douceur, voyant qu'il ne pouvait suffire à instruire tant de peuples, il s'associa les ecclésiastiques et les religieux les plus savants et les plus vertueux du diocèse, et il fit l'honneur à la collégiale de

La Roche de choisir deux de ses membres pour être
ses coopérateurs dans sa mission apostolique. Les
deux chanoines qu'il choisit étaient Révérend Théodore Varouf-Gondram et Révérend François Thabuis. Ils se rendirent tous les deux aux quarante
heures d'Annemasse en 1597, et furent, avec le Père
Chérubin, les principaux prédicateurs qui s'y firent
remarquer.

Théodore Varouf-Gondram était un des plus habiles théologiens du diocèse de Genève, il était en
même temps chanoine de la cathédrale, de la collégiale de La Roche et curé de Saint-Laurent : saint
François de Sales l'envoya prêcher à Yvoire et à
Echevenex ; il ramena par ses soins et sa doctrine
ces deux paroisses à l'Eglise catholique, et mourut à
Corsier, dont il fut le premier curé après l'élection
de saint François de Sales à l'évêché de Genève.

François Thabuis était natif de la paroisse de
La Roche ; le chapitre, sur la recommandation du
primicier d'Angeville, le nomma vicaire de cette
paroisse le 30 janvier 1585 ; il obtint ensuite la cure
de Flumet, d'où saint François de Sales le rappela
à La Roche, où il fut nommé chanoine. Après s'être
distingué aux quarante heures d'Annemasse, l'évêque de Genève l'envoya prêcher dans les villages de
Saint-Cergues, Genevry et Buringe ; et après une année d'instruction, il conduisit les habitants de ces
trois paroisses aux quarante heures de Thonon, où
ils abjurèrent le 27 septembre 1598.

Le primicier Claude d'Angeville jouissait alors de l'estime générale du diocèse de Genève : la conduite intègre et prudente avec laquelle il avait exercé pendant douze ans l'emploi d'official et de grand-vicaire, lui avait concilié tous les esprits. L'évêque et le clergé le députèrent en 1589 pour se rendre à Rome auprès du pape Sixte-Quint, pour assurer ce Souverain Pontife de la soumission et de l'obéissance du diocèse au Saint-Siége.

La manière avec laquelle il remplit cette commission lui fit tant d'honneur, que toutes les collégiales du diocèse le prièrent, en 1602, de prêter, en leur nom, le serment de fidélité que le duc de Savoie exigea pour le prince de Piémont son fils.

Pendant la mission du Chablais, ce primicier fut chargé, en 1598, de dresser, avec saint François de Sales et noble Claude Marin, procureur-fiscal de la province de Chablais, un état des revenus de toutes les églises de ce duché et des bailliages de Ternier et Gaillard. Il s'acquitta de cette commission en homme instruit ; il parcourut toutes les paroisses, et dressa un verbal d'enquête, où sont désignés l'état ancien de chaque bénéfice, les unions, les aliénations des Bernois, et par qui les dîmes se percevaient dans chaque paroisse, ainsi que l'état des presbytères vendus ou démolis. Ensuite de ce travail, Charles-Emmanuel Ier, duc de Savoie, ordonna par ses lettres-patentes du 5 octobre 1598, que tous les revenus de ces bénéfices seraient pendant trois ans employés à la réparation et restauration des églises et autels du Chablais, suivant les ordres qui seraient donnés par l'évêque de Granier, saint François de Sales et par messire Claude d'Angeville. Saint François de Sales et Révérend François de Chissé de Polinge, chanoine de la cathédrale, official et grand-vicaire du diocèse, ayant été envoyés à Rome pour obtenir la désunion des bénéfices du Chablais de l'ordre des Saints Maurice et Lazare, le primicier d'Angeville procéda seul à faire réparer les églises et les presbytères de cette province.

L'an 1600, l'évêque de Genève convoqua pour le 19 avril le synode diocésain, auquel il ordonna de comparaître tous ceux qui avaient des prétentions sur les bénéfices du Chablais et des bailliages, et de les justifier par titres. Saint François de Sales s'y présenta comme curé de Corsier et d'Asnières; le primicier Claude d'Angeville, comme doyen de Vuillonex et prieur de Douvaine; François de Lornai, doyen d'Annecy, comme curé de Thairy; Michel d'Echallon, comme curé de Collonge et d'Archamp; Pierre Mugnier, comme curé de Saint-Julien, et François Borjal, comme curé de Beaumont; tous les autres bénéfices étant vacants et destitués de pasteurs.

Après cette formalité, l'évêque de Genève, accompagné de Charles de Rochette, premier président du Sénat, de saint François de Sales et de ses deux grands-vicaires, qui étaient le primicier d'Angeville

et François de Chissé, se rendit en Chablais, et procéda à l'érection de trente-cinq paroisses auxquelles
on réunit celles qui n'avaient ni églises ni presbytères. (Voyez la *Vie de saint François de Sales*, par
Charles-Auguste de Sales, livre III, page 183 et sui-
vantes, et l'*Histoire manuscrite de la mission des
capucins en Chablais*, par le Révérend Père Fidèle
de Tallissieu, vol. in-4°.)

Après le rétablissement de la religion catholique
en Chablais, le primicier d'Angeville obtint de saint
François de Sales qu'il prêcherait le carême à La
Roche l'an 1605. Tous les habitants de cette ville se
félicitèrent de revoir ce prélat qui avait fait ses premières études dans le collège de leur ville sous messire Etienne Dumax, l'an 1573, et dont l'éducation et
la direction, soit à Paris, soit à Padoue, étaient le
fruit des soins et de la piété de Révérend Jean Deage,
natif de Cornier, dont la famille subsiste encore avec
distinction à La Roche, et que le saint évêque fit
chanoine de sa cathédrale.

L'onction sainte avec laquelle saint François de
Sales distribuait la parole de Dieu à La Roche, y
attira un grand concours de peuple : les jours qu'il
ne prêchait pas, il faisait des conférences avec les
curés voisins sur la morale et les dogmes de la religion, terminait des procès, ou réconciliait des familles divisées. Tous les dimanches du carême il administra le sacrement de la confirmation, et ceux qui
le reçurent furent au nombre de 8000. Il conféra

trois fois les ordres sacrés, et consacra les saintes huiles le jeudi-saint (1).

Ce fut pendant la station du carême de 1605 que saint François de Sales fit la connaissance d'une sainte dame de La Roche, qu'il honorait d'une estime et d'une vénération particulières. Cette dame s'appelait Pernette Bouthey; elle naquit à La Roche en 1557 de Pierre Bouthey, marchand de fer, et de Marguerite d'Aragon; ses parents étaient des gens de bien qui n'épargnèrent rien pour lui donner une sainte éducation : elle résolut de bonne heure de se faire religieuse; mais ses parents n'ayant pas voulu consentir à son dessein, elle épousa en 1577 Pierre Dumonal, d'Arenthon, qui avait établi à La Roche un commerce considérable de mercerie et de draperie. Cette dame, une des plus belles créatures que l'on pût voir, fut très malheureuse au commencement de son mariage : sa beauté excita la jalousie de son époux; toute la vertu de cette sainte femme, qu'il ne cessait d'admirer, n'était pas capable de le tranquilliser : elle n'opposa aux emportements de son mari qu'une douceur extrême; elle ne se plaignit jamais, et sans se contenter d'être innocente, elle évitait jus-

(1) Voyez le IVᵉ vol. des livres capitulaires, page 20, et l'on doit observer que ce n'est pas la seule fois que les ordres ont été conférés par les évêques de Genève dans l'église de La Roche. Barthélemi, évêque de Corneto, suffragant du cardinal de Mez, évêque de Genève, procédant à la visite générale du diocèse, ordonna, le 15 juin 1443, dans l'église de La Roche, cinquante-trois clercs, treize acolytes, trois sous-diacres, un diacre et deux prêtres.

qu'aux moindres apparences qui eussent pu la faire soupçonner d'être coupable.

Tant de vertus touchèrent enfin son malheureux époux : il se condamna lui-même d'avoir osé soupçonner une si sainte femme, et du depuis il ne cessa de l'honorer autant qu'il l'avait maltraitée. Alors elle s'abandonna toute entière à la pratique des bonnes œuvres ; elle était assidue aux offices, visitait les malades, prenait un soin tout particulier des pauvres auxquels elle fit constamment d'abondantes aumônes. Rien n'était plus édifiant que sa maison ; ses enfants étaient, ainsi que ses domestiques, des modèles de vertus : toujours contente, toujours humble, jamais on ne l'entendit parler mal de son prochain : elle se mortifiait extraordinairement, jeûnait tous les vendredis, et les jours de jeûne prescrits par l'Eglise elle ne mangeait qu'un peu de pain et de légumes. Elle porta pendant vingt ans un cilice sur la chair nue, que l'on fut très surpris de lui trouver à sa mort.

Après avoir vécu de la sorte pendant quarante-huit ans, elle fut récompensée d'une si sainte vie par la mort la plus douce. Quelques jours auparavant elle se rendit à Amancy, où son mari avait une ferme considérable ; elle y fit réduire en farine quatorze coupes de froment, mit à part neuf quarts de fèves et de poids, et quantité de monnaies qu'elle pria son mari de distribuer le jour de sa mort. Ensuite après avoir ordonné sa bière, elle annonça à son mari, à

7

son fils et à ses deux filles qu'elle mourrait le 15 de juin. Ce même jour, après avoir dîné avec sa famille, elle demanda à recevoir le saint viatique et l'extrême-onction. Son mari et ses enfants ne la voyant presque point malade, crurent qu'elle devenait folle, et n'adhérèrent point à sa demande ; cependant s'étant mise au lit, et continuant ses instances, Révérend Christophe Dumonet, vicaire de La Roche, lui administra les sacrements qu'elle demandait, en l'absence du curé d'Amancy, et quelque temps après elle expira (1), le même jour et à la même heure qu'elle avait prédits. Toute la ville de La Roche, qui avait admiré sa sainte vie, se rendit à ses funérailles ; les pauvres, dont elle était la mère, la pleurèrent longtemps ; on ne parla que de sa mort et de sa sainte vie.

Le primicier d'Angeville, qui la connaissait particulièrement, écrivit sa vie, qu'il envoya à saint François de Sales, qui pour lors était à Chamonix. Ce saint prélat, qui avait toujours visité cette sainte femme chaque fois qu'il était venu à La Roche, et qui ne cessait de se recommander à ses prières, leva les yeux au ciel, baignés de larmes, après avoir lu la relation du primicier, et dit alors ces belles paroles du Sauveur : *Je vous rends grâce, mon père, Seigneur du ciel et de la terre, de ce que vous avez caché ces choses aux sages et aux prudents, et que vous les avez révélées aux simples et aux petits.* (Luc, chap. XXX, ⱴ 21.)

(1) Le 15 juin 1606.

Il en écrivit en ce sens à madame de Chantal, et lui envoya la relation du primicier d'Angeville (1).

Etablissement des capucins à La Roche en 1617.

Les fréquentes prédications que le célèbre Père Chérubin, de Maurienne, avait faites à La Roche en 1596, 1597 et 1598, donnèrent aux habitants de cette ville une grande idée de l'ordre des capucins, surtout dès qu'on y apprit que ce Père et ses compagnons avaient travaillé avec tant de succès à la conversion du Chablais, et à empêcher que la prétendue réformation ne s'introduisît dans le Valais.

Noble Michel Saultier de la Balme, premier syndic en 1617, ne négligea ni soins ni peines pour leur procurer un établissement à La Roche. Secondé de saint François de Sales, il engagea le chapitre à acheter le grand jardin de madame de la Forest pour y jeter les fondements du nouveau couvent, dont la ville obtint de pouvoir augmenter le pourpris avec celui du château des ducs de Genevois, des débris duquel le couvent fut bâti. Le 3 avril 1617 les Pères capucins vinrent prendre possession de leur nouvelle communauté : ils furent reçus des habitants de La Roche avec les sentiments qu'inspiraient les ser-

(1) Voyez Charles-Auguste de Sales, livre VI, page 351, et la *Vie de saint François de Sales,* par l'abbé Marsolier, vol. II, page 529, quoique ce dernier écrivain ne soit pas aussi exact que le premier.

vices que l'on attendait de leur pieuse institution, et
les secours abondants qu'on leur fournit les mirent en
état de se rendre utiles à La Roche et à toutes les paroisses du voisinage (1).

C'est quelques années après que devint célèbre un
petit oratoire situé à la *Bonne-Fontaine;* les peuples
du voisinage s'y rendaient en foule, et publiaient
nombre de prodiges que l'on trouve détaillés dans
un petit ouvrage composé par Révérend Nicolas Grillet, docteur en théologie et curé d'Allinge, et dédié
au chevalier Janus de Sales. J'ai même vu sur ce
sujet, et sur les vertus attribuées à l'eau de cette
fontaine, un poème latin de Charles-Auguste de
Sales, évêque de Genève, dont M. Dronchat, custode
de la collégiale, possédait le manuscrit autographe (2).

François de Saint-Sixt, docteur de Louvain et archidiacre de la collégiale, fit bâtir la chapelle que
l'on y voit encore aujourd'hui, et que l'évêque Jean-
François de Sales unit à la mense capitulaire le 14
octobre 1620. Un ermite chablaisien, nommé André de Foraz, vint s'y établir, et la vie exemplaire
et retirée qu'il mena à la Bonne-Fontaine établit la
célébrité de cet endroit, où il se rendit les jours de

---

(1) Les Révérends Pères capucins, dispersés à l'époque de la Ré-
volution, ont repris possession de leur couvent et du clos en 1822.
Le noviciat de la province de Savoie y a été établi en 1833.—
A. P.

(2) L'oratoire actuel est une chapelle gothique du meilleur goût,
située sur une colline magnifique : il est visité par une foule d'é-
trangers et de pèlerins, surtout au mois de mai. — A. P.

fêtes un grand concours de peuple avec d'abondantes aumônes.

Etablissement des Révérendes Dames Bernardines à La Roche.

Outre les Révérends Pères capucins qui venaient
de s'établir à La Roche, la vénérable Mère Louise-
Thérèse Perrucard de Ballon vint y fonder une
seconde communauté religieuse. Etant professe du
monastère de Sainte-Catherine au-dessus d'Annecy,
elle résolut avec quelques-unes de ses compagnes
d'embrasser un genre de vie plus conforme à la
règle de Cîteaux, et se soumit aux constitutions
dressées par saint François de Sales, et approuvées
par le pape Grégoire XV en 1621 : elle vint établir
à La Roche la troisième maison de sa congrégation,
et y amena les sœurs Marie de Rochette, Anne-Gasparde de Ballon et Claudine-Catherine du Noyer de
Minjod. Elles trouvèrent d'abord quelques oppositions à leur établissement; mais secondées de noble
Melchior de Ballon, elles achetèrent le château et le
pourpris du Saix d'Antoine Saultier de la Balme,
pour le prix de 5,500 florins, où elles établirent leur
monastère, et y bâtirent un petit oratoire le 18 juin
1626. Cette maison des Bernardines de La Roche,
dont nous parlerons encore dans la suite, en fonda
plusieurs autres en France et en Savoie, comme on

le verra dans la table chronologique de ses Révérendes Mères supérieures à la fin de cette histoire.

Ce fut cette même année 1626 que la Chambre
des Comptes entérina les lettres-patentes de Charles-
Emmanuel Ier, duc de Savoie, du 1er décembre 1621,
par lesquelles ce prince confirma les priviléges de la
ville de La Roche, et déclara que les bourgeois de
cette ville qui pendant trois ans de suite abattraient
l'oiseau ou papeguai que l'on tire à Pentecôte, seraient exempts de tout péage, leyde et taille, rière
ses Etats deçà les monts.

L'année suivante, 1627, mourut le primicier Claude
d'Angeville, âgé de 89 ans, après avoir été à la tête de
la collégiale 59 ans. Guichenon, dans son histoire de
Bresse, l'appelle *un des plus grands personnages de
son temps*, et Charles-Auguste de Sales le nomme,
dans tous ses ouvrages, *le très docte primicier d'Angeville, vicaire-général du diocèse*. Il était fils de noble
Humbert d'Angeville et de Jacquemette de Lucinge
d'Arenthon, frère de Christophe d'Angeville, ambassadeur du duc de Némours auprès des cantons
suisses, avec lesquels il conclut, au nom de ce prince,
un traité d'alliance en 1555, et qui fut ensuite président du Conseil de Genevois en 1561. Bernard
d'Angeville et Claude d'Angeville, ses autres frères,
étaient chevaliers de Malte.

Jean-Louis de Lambert, seigneur d'Arbusigny,
fut primicier de la collégiale après M. d'Angeville.
Charles-Emmanuel Ier, dont il était aumônier, le

fit chevalier de l'ordre des saints Maurice et Lazare, lui donna les commanderies d'Aiguebelette et de Scarnafix; il possédait encore le doyenné de Vuillonex, et les prieurés de Saint-Baldolph et de Burdignin.

Ce primicier commandeur, quoique résidant une partie de l'année à Turin, ne négligea point les intérêts de son chapitre; il lui fit présent d'une partie de l'argenterie dont on se sert encore aujourd'hui, et entretenait à ses dépens la musique et les enfants de chœur qu'il avait établis dans la collégiale.

Etablissement des jésuites à La Roche.

Le Conseil et les habitants de La Roche invitèrent les Révérends Pères jésuites à venir prendre la direction de leur collége en 1628. Noble Thérèse de la Faverge, qui se fit religieuse chez les Bernardines, leur légua sa maison paternelle, située près du bourg, à l'extrémité de la rue de Silence, par contrat du 27 juillet 1636, Grinjon, notaire; avec la clause que si les jésuites venaient à quitter La Roche, alors cette maison appartiendrait aux Bernardines de cette ville, jusqu'à ce que les jésuites vinssent s'y rétablir, ou à former un établissement dans la ville de Genève. Noble Jacques Cordon d'Evieux, commandeur de Compesières, leur assigna des fonds suffisants pour leur entretien, et chargea la Société de tenir deux professeurs de son ordre dans le collége de La Roche, lesquels devaient encore faire le catéchisme dans l'église paroissiale, ainsi qu'on peut le voir dans les contrats de fondation du 4 mai 1641. Morel, notaire, et de 1643 et 1644, Polliens, notaire.

Ces Pères, pour perpétuer la mémoire de leur bienfaiteur, avaient fait graver dans le vestibule du collège une inscription que l'on n'a point respectée lorsqu'on l'a rebâti; elle était ainsi conçue :

Hoc juventutis Gymnasium,
A Rupensibus olim institutum 1568.
Societatis Jesu Patribus
Ab iisdem anno 1628 Commendatum,
Fundavit Favergius,
Et anno 1641
Auxit C. Compeserius.

Après que le primicier de Lambert eut obtenu de Victor-Amé Ier, duc de Savoie, que les maisons, granges et jardins, situés dans la ville et faubourgs de La Roche, seraient exempts de toutes tailles et impositions, par patentes du 20 octobre 1634, vérifiées à la Chambre des Comptes le 4 décembre de la même année, il s'éleva un différend entre le chapitre et le Conseil de cette ville à l'occasion des mille écus d'or promis par les bourgeois pour la dotation de la collégiale. Dom Juste Guerin, évêque de Genève, termina le procès que ce différend avait fait naître par sa sentence arbitrale du 6 août 1640, qui maintient la communauté de La Roche dans la possession où

elle était de nommer aux places vacantes de la collégiale, réduit le nombre des canonicats à treize et al-
loue à la ville, pour le paiement des mille écus d'or,
les dépenses faites par elle pour réparer le chœur de
l'église collégiale, et celles supportées pour faire bâtir le clocher et fondre les cloches; dépenses cependant qui étaient toutes à la charge de la ville et de la
paroisse, et qui ne pouvaient en aucune manière
servir de dotation, étant un effet stérile et de nul
produit. Quoi qu'il en soit de cette sentence dont le
temps et une longue possession ont coloré la nullité,
elle fut acceptée par les députés des deux corps. Ceux
du chapitre étaient le primicier Jean-Louis de Lambert, l'archidiacre François Deage de Loisinge, le
custode Pierre Deage de Mesmes. Ceux de la ville
étaient nobles Michel de Mesmes, premier syndic,
François Orsier et Janus de Saint-Sixt, seigneur de
Vêge et de la Croixplanaz, conseillers.

Le primicier Jean-Louis de Lambert, après avoir
uni à son chapitre la chapelle des Chêres qu'il avait
fondée et dotée, mourut en 1646, et après sa mort le
doyenné de Vuillonex fut uni à la cathédrale de Genève.

François Deage de Loisinge et seigneur de Chaffardon fut élu primicier après M. de Lambert; son
oncle Jacques Deage de Mesmes lui avait résigné le
prieuré de Tallisieu, et saint François de Sales le
nomma official de la partie de son diocèse située en
France après la paix de Lyon. Les infirmités dont

ce primicier fut accablé ne lui permirent jamais
d'exercer les fonctions de sa dignité; il mourut en
1651.

Pierre Deage de Mesmes de Loisinge, successivement chanoine, custode et archidiacre de la collégiale, fut primicier après la mort de son oncle,
et se qualifiait de prieur de la Madeleine. Il était
très instruit et très savant dans les matières ecclésiastiques; il fut un des arbitres nommés par
Madame Royale Christine de France, régente de
Savoie, pour terminer le différend survenu entre
Charles-Auguste de Sales, évêque de Genève, et sa
cathédrale, à l'occasion des concours et des exami-
nateurs synodaux, ensuite des protestations de l'assemblée de tout le clergé du diocèse contre les prétentions des chanoines cathédraux, faite au synode
le 30 avril 1659. (*Voyez pour ce point intéressant de
l'histoire ecclésiastique du diocèse, les factums imprimés sur cette matière en* 1659.)

La même année, les jésuites, ou plutôt un Père
Magnin, leur supérieur, causa à La Roche une affaire
très blâmable et très injurieuse à la religion. Chaque
année, le jour de l'Assomption, la congrégation du
collége faisait, comme cela se pratique encore aujourd'hui, une procession solennelle où le primicier
portait le Saint-Sacrement : le Père Magnin préten-
dit exercer les fonctions pastorales dans la chapelle
de son collége, et annonça qu'il ne souffrirait plus
que le chapitre s'y présentât. Pour éviter les suites

que ces prétentions pouvaient avoir, le chapitre lui
députa, le 15 août 1659, les chanoines Vincent et
Bouthey, pour le prier d'éviter toute altercation publique. Le jésuite méprisa leur démarche, et leur répondit que par l'autorité du pape il avait droit de faire
ce que bon lui semblerait dans son collége, et qu'il
n'était point obligé à leur montrer ses priviléges.

Cependant, à l'heure ordinaire le primicier de
Mesmes se rendit avec son chapitre à la chapelle du
collége pour y faire la procession d'usage. Aussitôt
qu'il eut pris le Saint-Sacrement, quelques jeunes
écoliers, ayant à leur tête le préfet de la congrégation et un prêtre nommé Frochet, arrachèrent de
force le ciboire où étaient les hosties consacrées des
mains de l'archidiacre Domenget. La cérémonie auguste ne fut point capable de les arrêter ; le primicier fut blessé à la joue d'un coup d'épée, sans que
cependant on pût le forcer à abandonner le Saint-
Sacrement, qu'il porta processionnellement à la collégiale, accompagné de son chapitre, que les parti-
sans des jésuites chargèrent d'outrages et d'injures.
Le prêtre Frochet, suivi des écoliers, porta en procession le saint ciboire au Saix, dans la chapelle des
Dames Bernardines, où au mépris de ses pasteurs
légitimes il donna la bénédiction à une jeunesse in-
docile et plus que séduite.

L'évêque et le Sénat, à la requisition du chanoine
Gaspard Deage, faisaient informer contre les auteurs
d'un tel scandale, lorsque le marquis de Lullin, com-

mandant du duché, envoya à La Roche le seigneur
de Veigy, pour apaiser le chapitre et prévenir la
perte de plusieurs jeunes gentilshommes. A la prière
de ce marquis, qui était baron de La Roche, on se
contenta des excuses publiques de Révérend Frochet ;
on changea le supérieur des jésuites, et par une
transaction avec la congrégation (1), on prévint pour
toujours des débats aussi déshonorants pour la religion (2).

L'évêque Jean d'Arenthon d'Alex termina ensuite
les différends qui étaient survenus entre la ville et le
chapitre, à l'occasion de la nomination du prédicateur de carême : on convint par la transaction du
31 janvier 1663, que le chapitre, après avoir nommé
le prédicateur, en ferait part aux syndics par deux
chanoines députés ; que la rétribution serait payée
par les deux corps, et que la part afférente à la ville
serait payée par son procureur au trésorier du chapitre le premier vendredi de carême.

La permutation que Révérend sieur Pierre Piddet,
archidiacre de la collégiale, fit de son personnat avec
Révérend Pierre Decoux, aumônier de Madame
Royale Christine de France, duchesse régente de
Savoie, fit naître de nouveaux différends entre la
ville et le chapitre, qui voyant ses droits violés par
cette permutation, s'y opposa fortement ; et malgré

(1) 22 septembre 1659, De Age, notaire.
(2) Cette transaction fut interprétée par sentence arbitrale de
J. d'Arenthon, du 13 septembre 1670. — *Notes mss de Grillet.*

que Madame Royale eût fait écrire au primicier Pierre de Mesmes par le président de la Perrouse en faveur de son aumônier, il persista d'être inébranlable dans ses prétentions contre le Conseil de ville.

Cependant l'évêque Jean d'Arenthon d'Alex tenta par sa médiation d'amener les parties à une voie d'accommodement; on envoya de part et d'autre des députés à Annecy, qui, en présence de l'évêque, firent un nouveau réglement pour la nomination du primicier, de l'archidiacre et du Custode. Il fut dit, par l'accord du 13 avril 1669, que lorsqu'il y aurait dans le chapitre un membre qui serait noble et docteur, qu'alors la ville serait obligée de le nommer pour primicier; mais dans le cas qu'il n'y eût dans le chapitre aucun membre qui eût ces qualités, la ville pourrait élire un sujet étranger à la collégiale, pourvu qu'il fût noble et docteur; et le cas arrivant que la communauté ne pût trouver aucun prêtre noble et docteur pour être primicier, alors elle doit élire pour cette dignité un membre du chapitre ayant le grade de docteur.

Quant à l'archidiaconat, il fut statué que la ville nommerait à cette place un membre du chapitre ayant le grade de docteur, et la nomination à l'office de chanoine-custode fut réservée au seul chapitre, qui, après l'élection faite, doit faire savoir aux syndics le sujet qu'il a nommé par deux députés. Cette convention, qui dérogeait aux anciens statuts, fut encore confirmée par la sentence arbitrale de Fran-

çois-Amédée Millet de Challes, archevêque de Tarentaise, premier président de la Chambre des comptes,
prononcée à Chambéry le 14 juillet 1676.

Ce fut le 30 juillet 1670 que les Révérendes Dames
Bernardines, au nombre de 36, quittèrent leur première maison du Saix pour venir habiter le monastère qu'elles avaient fait bâtir à grands frais à l'extrémité du faubourg d'en haut : elles s'y rendirent
processionnellement à neuf heures du matin, accom-
pagnées par Jean d'Arenthon d'Alex, évêque de
Genève, par le chapitre de la collégiale, le Conseil de
ville, la noblesse, les confréries et un concours prodigieux de peuple des environs : elles visitèrent
l'église des Révérends Pères capucins et celle de la
collégiale, où l'évêque donna la bénédiction. S'étant
rendues dans leur nouveau monastère, l'évêque
chanta la messe dans leur chapelle, et termina cette
translation par le *Te Deum.*

Les dépenses considérables que les Bernardines
avaient faites pour la bâtisse de leur couvent les
avaient presque réduites à la misère : une quête que
les évêques de France leur permirent de faire dans
leurs diocèses contribua à payer une partie de leurs
dettes et à construire leur église, qui ne fut achevée
qu'en 1728. L'évêque Jean d'Arenthon d'Alex les
seconda de tout son pouvoir ; il engagea le chapitre
à se charger de leur direction pour la somme la plus
modique, ainsi qu'on le voit dans le contrat du mois
de septembre 1695, Florentin, notaire.

Le primicier Pierre de Mesmes mourut au mois de mars 1676; il laissa à sa famille tout son patrimoine, et institua le chapitre son héritier dans ses autres biens, dont on employa une partie à acheter des ornements et des tapisseries pour décorer le chœur, dont ce primicier avait déjà fait faire le retable que l'on y voit encore aujourd'hui (1). Après sa mort la ville de La Roche nomma Michel Gabriel de Rossillon de Bernex, chanoine de Saint-Antoine, pour son successeur ; mais le temps n'étant pas encore venu où ce grand personnage devait consacrer ses talents et ses rares vertus au service du diocèse de Genève, il remercia le Conseil de La Roche de sa nomination, et continua ses études à Paris.

Le 3 de mars 1677, Révérend seigneur Charles do la Forest de Rumilly, curé de Ponchy, fut mis en possession de la dignité de primicier; il maintint parmi les membres de son chapitre l'exacte discipline que le primicier de Mesmes avait introduite dans la collégiale ; il n'eut aucun différend avec personne ; refusa l'établissement que les Ursulines de Besançon voulaient faire à La Roche, et mourut d'un accident d'apoplexie le jour de l'Ascension, 19 de mai 1698, en célébrant les saints mystères.

(1) Le primicier Pierre de Mesmes chercha encore à faire unir à la collégiale de La Roche la cure de Bernex, dont était curé Michel de Mesmes, son frère ; mais la mort de ce dernier empêcha l'exécution de ce projet. Michel de Mesmes, curé de Bernex, se joignit aux autres curés du bailliage de Ternier, qui obtinrent, par arrêt du Sénat du 31 mai 1631, d'être réintégrés dans la jouissance des dîmes de leurs paroisses aliénées par les Bernois.

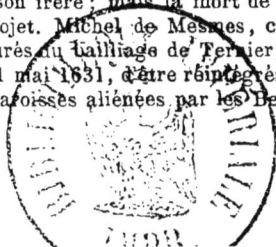

TROISIÈME PARTIE

—

Depuis l'érection de la ville de La Roche en marquisat jusqu'à présent.

Le mandement et la baronnie de La Roche ayant été possédés par la maison de Lullin depuis l'an 1609, la marquise de Pancalier, héritière de cette maison, les laissa par son testament du 6 octobre 1675 à madame Royale Jeanne-Baptiste, duchesse et régente de Savoie, qui, par lettres-patentes du 20 février 1682, consentit à ce que la baronnie de La Roche et les terres de Mornex et Monetier fussent unies au domaine de S. A. R. Victor-Amé II son fils. Ce prince les inféoda ensuite au président Thomas Granery, par lettres-patentes du 21 février de la même année, pour le prix de 18000 ducatons de 7 florins pièce.

Les trois mandements de La Roche, Mornex et Monetier étant assez considérables, et le président Thomas Granery méritant par ses services distingués l'estime et les grâces de S. A. R., ce prince, par la même patente, unit et incorpora ces trois mandements, et voulut qu'ils n'en fissent plus qu'un seul, sous le titre de marquisat de La Roche.

Les commissaires députés par le duc de Savoie se rendirent à La Roche pour procéder à la sommaire aprise des susdits mandements : la noblesse et le Conseil de La Roche y formèrent opposition ; mais ensuite des lettres de jussion du 28 mars 1682, la Chambre des Comptes entérina les lettres-patentes de l'inféodation par arrêt du 8 avril de la même année.

Comme il y avait alors dix-huit familles nobles à La Roche, et qu'elles ne cessaient de s'opposer à la possession du seigneur Granery, sous le prétexte de défendre les priviléges du Conseil et de la ville, le duc Victor-Amé II y créa un nouveau Conseil composé de trois syndics, de vingt conseillers, d'un procureur et d'un secrétaire, tous bourgeois ; et voulant favoriser de plusieurs avantages la ville de La Roche, S. A. R. lui accorda, par ses lettres-patentes du 15 décembre 1684 : 1° Que le Conseil aurait juridiction économique pour les choses qui regardent la police ; 2° que la ville continuerait à être exempte de payer 124 florins 2 sols 6 deniers de taille par quartier, dont elle jouissait pour les maisons, jardins, cheneviers et granges situés dans la dite ville, ensuite des lettres-patentes du duc Charles-Emmanuel II du 15 juin 1660, et vérifiées à la Chambre des Comptes le 23 novembre suivant ; 3° que les débiteurs ne pourraient être arrêtés pour dettes civiles dans les mar-

8

chés et foires de la dite ville; 4° que les bourgeois
qui l'habiteraient pendant trois ans seraient affran-
chis de la taillabilité personnelle, sous la condition
toutefois qu'ils notifieraient jusqu'à trois fois, et dans
trois mois différents, au seigneur du fief dont ils seraient taillables, leur habitation à La Roche et le présent privilége; 5° le duc de Savoie confirme à la ville
la gabelle du vin, les droits dont elle jouissait sur les
montagnes, fours, poids, boucherie, et autres portés
par les reconnaissances, sous la charge d'en payer les
servis ordinaires; il lui accorda en outre de pouvoir
faire tirer trois prix-francs aux jours que l'on est en
coutume de tirer à l'oiseau, et que le colonel qui
commanderait la bourgeoisie serait un gentilhomme
habitant de La Roche élu par le Conseil; 6° enfin, le
duc ordonne que le Conseil continuerait de nommer
les chanoines de la collégiale, et d'y jouir de tous les
droits honorifiques dont la dite ville avait joui jusqu'alors.

Cependant, les nobles de La Roche sollicitèrent
S. A. R. de leur permettre de racheter le domaine
qu'il avait aliéné, et lui offrirent pour obtenir cette
grâce, d'indemniser le seigneur marquis, et de lever
pour le royal service de Son Altesse un régiment qui
joindrait ses armées. Le duc de Savoie, par sa lettre
du 4 juin 1690, leur répondit : « Que les circonstan-
« ces présentes paraissant favorables pour exécuter
« les offres que vous nous avez faites de la levée d'un
« régiment, nous voulons bien vous dire, par ces

« lignes, que si vous les exécutez, nous vous accor-
« derons le rachat du domaine de La Roche, aux
« conditions que vous l'avez demandé. Travaillez
« donc promptement à une chose qu'exige le besoin
« de notre service, et soyez persuadés que nous
« trouverons en votre diligence un pressant motif de
« vous faire ressentir les effets de notre protec-
« tion, etc. »

Cette lettre causa un moment de délire à La Roche, et les actes dont elle fut le prétexte n'étaient dic-
tés ni par la prudence ni par la sagesse. Le régiment
promis fut incontinent levé ; le duc de Savoie en
nomma le marquis de Sales colonel ; M. de Sauvage
de Verny, major ; M. de Saint-Sixt, capitaine-major,
et quatre gentilshommes de la ville, capitaines. Il fut
d'abord employé utilement aux camps de Curtil et
de Fesson, mais l'on ne voit pas qu'il ait subsisté
longtemps : les différends même qui existaient entre
le seigneur marquis et la noblesse de La Roche furent portés à la Chambre des Comptes ; leurs droits
respectifs occasionnèrent un procès qui a traîné en
longueur jusqu'aux arrêts de 1762, 1765, ainsi que
nous le dirons dans son lieu.

Le voyage que messire Charles-Gaspard-Bernard
Granery, marquis de La Roche, fit dans cette ville
en 1716 anéantit totalement la haine que les nobles
de La Roche semblaient avoir vouée à sa maison : il
y fêta la noblesse et les principaux bourgeois d'une
manière splendide ; chaque jour était des fêtes d'un

nouveau genre, qui mirent le beau sexe dans les
intérêts de ce seigneur ; il contribua à la construction des orgues de la collégiale, où l'on plaça ses
armóiries, et fit refondre à ses frais la seconde cloche de cette église. Son séjour à La Roche qu'il va-
ria par des bals et des festins multipliés, ses manières honnêtes et prévenantes lui gagnèrent tous les
cœurs, à un tel point qu'à son départ la bourgeoisie
prit les armes, une partie l'accompagna à cheval, et
lui témoigna le désir sincère de toute la ville de terminer à l'amiable les différends qui les divisaient
depuis 1682.

Révérend François-Nicolas de Lucinge avait succédé en 1698 au primicier de la Forêt ; il avait été
successivement chanoine et archidiacre ; c'est de
son temps que le père Romeville, jésuite, rendit
La Roche célèbre par le concours de peuple de toutes
les nations que sa réputation y attirait.

Histoire du Père Romeville (1702).

Le Père Romeville avait été le condisciple du Père
La-Chaise, confesseur de Louis XIV ; il vint s'établir
à La Roche, où il manifesta beaucoup de zèle pour
l'honneur de saint François-Xavier, et pour la pro-
pagation de son culte ; il exposait à la vénération
des peuples une bague que l'on disait avoir été mise
au doigt de l'Apôtre des Indes. Ce jésuite prêcha à
Megève le carême en 1702 : après avoir exhorté les

peuples à réclamer dans leurs besoins la protection
de saint François-Xavier, il fit toucher son anneau
à plusieurs malades, qui attribuèrent leur guérison
à la puissante intercession du saint. Le Père Romeville vint ensuite à La Roche, au mois de juillet de la
même année ; le bruit de son arrivée dans cette ville
se répandit dans tout le voisinage ; l'auteur d'une
lettre insérée dans le tome IX de la *Bibliothèque germanique*, page 209, dit qu'il se rendait à La Roche
plusieurs milliers de personnes de 30 à 40 lieues à
la ronde. Les malades étaient rangés dans la cour
du collége, et le Père, passant de rang en rang, leur
appliquait la bague, et ceux-ci, par reconnaissance et
pour perpétuer le souvenir de leur guérison, dépo-
saient leurs béquilles et des *ex-voto* dans la chapelle
de la congrégation.

Les guérisons qui firent plus d'éclat furent celles
du baron de Novairy et de la marquise de Branveau,
dont on trouve des détails très circonstanciés dans le
recueil des lettres de Révérend Louis Hoquiné (1),

(1) Louis Hoquiné naquit à La Roche, environ l'an 1688, d'une
famille depuis longtemps établie dans cette ville ; il fit ses premières études sous les jésuites, dans le collége de sa patrie ; il se
distingua ensuite dans celui d'Annecy, où le Père Maurice Rossillon, barnabite, lui fit soutenir des thèses sur les principales
questions de la philosophie, qu'il dédia au chapitre de La Roche
et qui furent présidées à Annecy le 11 août 1704 par le primicier
de Lucinge et le chanoine Raphy. Il se rendit ensuite à Paris où
il devint un des plus célèbres docteurs de son temps. Après avoir
été reçu en Sorbonne, l'évêque de Châlons, frère du cardinal de
Noailles, le choisit pour être vicaire général de son diocèse. Il se
distingua dans l'exercice de cet emploi jusqu'en 1720, que Mgr de
Bernex le rappela dans le diocèse de Genève, où il lui conféra un

chanoine de la cathédrale, et du ministre Vernet,
dans la *Bibliothèque germanique,* tome XIX, p. 209,
et dans la troisième réponse du Père Despineul,
jésuite, à M. Le Clerc, servant de suite aux *Mémoires de Trévoux,* imprimés en 1704, art. janvier,
page 84.

Un curé du diocèse composa à cette occasion un
cantique spirituel qui fut imprimé à Annecy chez
Humbert Fontaine, en 1703, et que les jésuites dis-
tribuaient à tous ceux qui se rendaient à La Roche;
il est composé de 35 strophes, dont nous ne rapporterons ici que celles qui ont rapport à notre sujet,
afin de faire connaître l'esprit et la manière de pen-
ser du public de ce temps sur les guérisons de La
Roche.

> Saint François-Xavier....
> Eut à Paris, très noble ville, .
> Pierre Favre pour compagnon,

canonicat à la cathédrale et la cure de Saint-Julien. Il débuta par
soutenir le miracle d'Anne La Fosse, et engagea une dispute po-
lémique avec le ministre Vernet, de Genève, sur les miracles et sur
l'eucharistie, imprimée en 1725 et en 1729. Cette même année,
Victor-Amé II, roi de Sardaigne, le manda à Turin pour le consulter sur les changements qu'il voulait faire dans l'Université. Il en
dressa les constitutions qui s'observent encore aujourd'hui, et fit la
défense du concordat de 1727 entre la cour de Turin et le Saint-
Siège, que M. d'Ormea fit imprimer en 1730. Le bruit public, lorsqu'il mourut, était que le roi le destinait à être évêque d'Aoste.
Je parlerai plus au long de cet homme savant et profond dans l'histoire littéraire de la Savoie, et l'on peut voir les éloges que des
écrivains célèbres lui ont donnés dans la *Bibliothèque germanique,*
tome XIX, page 209; tome XX, page 205, et dans le *Journal helvétique,* mois de nov. 1744, page 415, des éditions qui sont à la Bibliothèque de Genève.

Et Jaïus de bonne famille,
Deux Savoyards de grand renom (1).

Ces Savoisiens dedans La Roche
Etudièrent le latin,
De Genève, ville assez proche
Qui suit la secte de Calvin.

Aussi le grand François de Sales
Fut écolier pendant trois ans,
Dans La Roche, ville loyale,
Fort estimé des habitants.

Son gouverneur, le sieur Deage,
Docteur pieux, du même lieu,
Accompagna dans ses voyages
Le jeune serviteur de Dieu.

La Roche est une noble ville,
Fort plaisante dans la Savoie,
Remplie de nobles familles,
De chanoines et de bourgeois.

L'on y voit venir beaucoup de monde
Pour recevoir la guérison,

(1) Pierre Favre, connu dans l'histoire ecclésiastique sous le nom de Père Le Fèvre, était natif du Grand-Bornand et fut le premier disciple de saint Ignace. Claude Le Jaï était natif d'Ayse; il se joignit à eux à Paris pour l'établissement de la Société et se distingua au Concile de Trente. Nous parlerons avantageusement de ces deux jésuites dans l'histoire littéraire de Savoie, où nous rapporterons leurs travaux et les services importants qu'ils rendirent aux sciences et à l'Eglise, en Italie, en Espagne, dans les Pays-Bas et en Allemagne, où les évêques et les princes se rendaient en foule à leurs conférences théologiques.

De soixante lieues à la ronde,
Qui s'en vont sains à leurs maisons.

Les boîteux, paralytiques,
Les goîtreux, estropiés,
Les fiévreux, les asthmatiques
S'en retournent sains et à pied.

Les sourds et muets de naissance
Y reçoivent leur guérison,
Tant de Savoie que de la France,
A ce saint faisant oraison.

Les jeunes gens de la campagne
Y viennent de divers endroits,
De France, Valais et d'Allemagne,
Tous animés de grande foi.

L'on y voit des charriots sans cesse
Chargés d'infirmes et boîteux,
Remplis de foi et d'allégresse,
Venir rendre à ce saint leurs vœux.

De grands seigneurs et gens d'église,
Et des dévôts religieux,
Reçoivent par son entremise
Leur santé en venant dans ce lieu.

Environ dix mille personnes,
Pendant l'espace de trois mois,
Ont reçu l'hostie qu'on donne
Aux bons chrétiens diverses fois.

On peut nommer cette relique,
Qui guérit l'âme aussi le corps,
Une piscine déifique
Utile aux faibles et aux forts.

Cependant ces guérisons, vraies ou fausses, qui
attiraient un concours prodigieux de peuple à La
Roche, excitèrent toute l'attention de Mgr Rossillon
de Bernex, évêque de Genève. Craignant d'abord
qu'il ne se glissât quelques abus dans cette nouvelle
dévotion à saint François-Xavier, il se transporta à
La Roche pour les prévenir, et commença par une
information secrète de la vie et des mœurs du Père
Romeville, qui fut trouvé irréprochable dans sa conduite; il examina l'anneau miraculeux auquel le jésuite n'attribuait d'autre vertu que celle d'avoir été
mis au doigt de saint François-Xavier, et de con-
tenir une portion de ses reliques.

Ce prélat fit ensuite un discours public où il exposa
la doctrine de l'Eglise catholique sur le culte des
saints et l'honneur qu'on rend à leurs reliques, et
s'étendit beaucoup sur les miracles, qui doivent être
examinés et reconnus par l'autorité épiscopale, se-
lon la règle prescrite par la Sess. 25e du Concile de
Trente. Enfin, de peur qu'on ne se laissât séduire
par l'appât d'un gain sordide, il ordonna que toutes
les aumônes que l'on ferait en touchant l'anneau
seraient distribuées aux pauvres; et en quittant La
Roche, il établit dans cette ville une commission de

plusieurs personnes d'un savoir et d'une piété recon-
nue, à la tête desquelles était le primicier de Lucinge et l'archidiacre genevois, docteur de la Faculté
de Paris, pour l'informer de ce qui se passait à ce
sujet. De retour à Annecy, Mgr de Bernex adressa à
tous les archiprêtres et curés de son diocèse une
lettre-circulaire, en date du 11 novembre 1702, sur
les bruits répandus de plusieurs grâces de santé et
de guérison que l'on disait avoir été obtenues à La
Roche par l'intercession de saint François-Xavier.

« Vous n'ignorez pas, leur disait-il, que ces bruits
« ont attiré à La Roche un concours extraordinaire
« de personnes de toutes sortes d'âges, de sexes et
« de conditions..... Nous voulons rechercher la vé-
« rité des guérisons dont on parle, et apporter toute
« la diligence nécessaire pour discerner le certain
« d'avec le douteux, ainsi que nous y sommes obli-
« gés, afin que Dieu, qui est admirable dans ses
« saints, soit glorifié de plus en plus, si l'on justifie
« évidemment qu'il lui a plu de faire ces nouveaux
« miracles par son intercession. » Ensuite l'évêque
charge les archiprêtres de dresser les procès-verbaux
d'une manière uniforme, en spécifiant : 1° le nom,
l'habitation et la qualité du témoin ; 2° qu'il a prêté
serment de dire la vérité, ensuite des remontrances
à lui faites sur l'importance de cet acte de religion ;
3° les archiprêtres sont chargés de marquer ce que
le témoin aura déposé touchant la maladie de celui
qui aura été guéri ; si le malade avait déjà usé de

plusieurs remèdes, si les médecins jugeaient que son
mal fût incurable, et le prouver par leurs attesta-
tions ; 4° le verbal doit exposer la guérison avec
toutes ses circonstances, si le malade a été guéri dans
un instant, ou successivement ; s'il a été guéri entièrement, ou seulement soulagé. Mgr de Bernex,
après avoir ordonné que les procès-verbaux devaient
être signés par les officiers locaux et par les personnes les plus considérables, qui déclareraient avoir
une connaissance certaine de ce qu'ils avançaient,
recommande expressément aux curés d'instruire
leurs paroissiens de la doctrine de l'Eglise touchant
l'invocation des saints, afin qu'à l'occasion de ces
grâces de santé, ils ne s'éloignent point des sentiments de l'Eglise sur cette matière ; leur enseignant
que lorsque nous recevons des grâces et qu'il se fait
des miracles dans les lieux où sont les reliques des
saints, nous devons reconnaître que Dieu seul en est
l'auteur et la cause principale, et que les saints n'ob-
tiennent ces grâces que par Jésus-Christ, qui est le
seul et l'unique médiateur entre Dieu et les hommes. Vous leur enseignerez encore, continue le
même prélat, « qu'il n'appartient qu'aux évêques
« de juger de la vérité des miracles, et que les pré-
« dicateurs et autres personnes publiques ne doi-
« vent rien assurer là-dessus dans leurs instruc-
« tions qu'après le jugement des prélats, ainsi qu'il
« est porté par le décret du concile de Trente et par
« la bulle *Supernè* du pape Léon X. » Les intentions

de l'évêque de Genève furent exactement suivies. Ayant reçu des archiprêtres de son diocèse une infinité de procès-verbaux, il convoqua dans son palais une assemblée de docteurs en théologie et en médecine, et après un discours préliminaire, il leur fit lire les relations les plus importantes et les actes qui les appuyaient. Les avis des docteurs furent partagés : les faits rapportés parurent aux uns de vrais miracles, tandis que les autres jugèrent que toutes ces guérisons pouvaient être attribuées à la seule force de l'imagination, ou à quelques causes naturelles inconnues.

Mgr de Bernex consulta encore sur cette question l'archevêque de Vienne et quelques autres prélats de la province, dont les réponses ne furent point uniformes ; en conséquence, l'évêque de Genève prit le parti de laisser la question indécise ; et pour que ces événements si extraordinaires ne tombassent pas dans l'oubli, il en fit dresser une relation qui a été déposée au greffe de l'évêché.

Le Père Romeville se retira peu de temps après de La Roche, où sa mémoire est encore en vénération parmi le peuple, et alla mourir à Vesoul en Franche-Comté. Ce Père est représenté un crucifix à la main, prêchant à une infinité de peuple et de malades, dans un tableau placé sur la petite porte de la congrégation (1), et dans les parties latérales de la chapelle

(1) Ce tableau est aujourd'hui *déposé* dans l'église du Petit-Séminaire. — A. P.

on voit les *ex-voto* du baron de Novairy et de la
marquise de Branveau.

Les jésuites eurent encore de nouveaux différends
avec le chapitre pour l'exercice des fonctions curiales
dans la chapelle du collége, et l'on trouve dans une
délibération du 17 mai 1704 une députation du primicier de Lucinge et du chanoine Charles Contat
pour les terminer devant le tribunal de l'évêque.
Huit ans après ils quittèrent le collége de La Roche;
le 8 juin 1712 ils transigèrent avec les syndics de
La Roche, qui cette année étaient nobles Antoine
Saultier de la Balme, Me Jacques Arestan, Pierre Rattelet et Marin Puthod. Ces Pères, par acte du même
jour, reçu par Me Monat, notaire, cédèrent et trans-
portèrent à la ville 13,648 florins, tant en capitaux
qu'en intérêts dus à cette époque, outre tous les
biens-fonds du collége, et les syndics et le Conseil
obligèrent tous les biens présents et à venir de la
ville pour faire exécuter par d'autres religieux, ou
par des ecclésiastiques à leur choix, tout ce qui était
porté par les transactions et contrats faits avec les
jésuites le 4 mai 1641, Morel, notaire, et en 1643
et 1644, Polliens, notaire.

Le primicier de Lucinge, après avoir fait avec son
chapitre plusieurs règlements utiles pour l'exercice
des fonctions curiales, mourut le 13 octobre 1720.

Révérend François de Genève de Boringe succéda
au primicier de Lucinge en 1721; c'est de son temps
que noble Gilbert de Mesmes de Loisinge et Révé-

rend sieur Deluermoz, chanoine de la collégiale, obtinrent une chaire de philosophie pour le collège de La Roche, dont M. Puthod, aujourd'hui chantre de la cathédrale et grand-vicaire du diocèse, fut le premier professeur, à son retour de Paris.

Révérend Jean-Marie de Benevix, successivement curé de Feigères et de Thairy, succéda au primicier de Boringe, qui mourut le 12 février 1748. M. de Benevix était auparavant chanoine de la cathédrale, qui le choisit en 1735 pour prononcer l'oraison funèbre de monseigneur de Bernex devant l'assemblée générale du clergé. C'est de son temps que le Père Gaultier, célèbre prédicateur dominicain, établit la confrérie de l'adoration que le pape Benoît XIV approuva par bref du 6 juillet 1746.

Révérend Henri d'Evieux de Lévau fut nommé primicier le 27 octobre, pour remplacer M. de Benevix, mort le 19 avril 1752. Pendant 16 à 17 ans qu'il y eut une garnison des troupes de S. M. à La Roche, elle procurait une infinité de petits avantages aux habitants par des moyens de commerce subdivisé qui occasionnèrent plusieurs réparations utiles, soit chez les particuliers, soit dans le total de la ville. Les habitants de La Roche ne doivent jamais oublier le zèle que M. du Charmier, brigadier ès armées du roi et commandant du bataillon suisse de Tcharner, témoigna pour les réparations publiques : c'est en partie à ses soins et à son activité que l'on doit le canal de la rue Perrine, qui rendit cette rue fré-

quentable, étant auparavant très désagréable, à cause
de la biallière qui était découverte.

Pendant ce temps de nouvelles difficultés s'étaient
élevées entre le chapitre et le Conseil de ville ; celui-
ci exigeait des nouveaux chanoines élus qu'il prêtas-
sent serment d'être soumis à la ville avant que d'être
mis en possession, et avait fait naître des difficultés
à l'occasion de la messe matinière, de l'encens que
l'on refusait aux syndics quand le premier n'était
pas noble, et de l'indult que le chapitre avait obtenu
de la cour de Rome pour appliquer les anniversaires à
la messe capitulaire. Révérend sieur Michel Dumonet,
chanoine et procureur de la collégiale, chercha à
anéantir pour toujours le germe des différends inter-
minables qui ne cessaient de temps à autre de s'élever
entre les deux corps. Pour cela on exposa au roi
Charles-Emmanuel tous les griefs que l'on avait contre la ville, qu'elle n'avait jamais payé les 1000 écus
d'or promis pour la dotation du chapitre, et qu'il y
avait des abus condamnables dans les élections des
chanoines qui se faisaient par tous les membres chefs
de famille de la ville et de la paroisse.

Le roi renvoya la connaissance de tous ces faits
au Sénat, qui, par son manifeste du 9 février 1765,
restreignit le droit de nomination au seul Conseil
de ville ; et Mᵂᵣ Jean-Pierre Biord, ce digne évêque,
si sage, si ferme et si savant, dont la mémoire
sera toujours en vénération dans le diocèse de Genève, mit fin aux autres différends du chapitre et du

Conseil de La Roche par la transaction du 15 octobre 1765.

Tant de procès qui ont existé malheureusement entre le chapitre et le Conseil de La Roche, tant de transactions, d'accords, de sentences arbitrales que les évêques de Genève, ont eu la charité de leur proposer pour terminer de misérables chicanes, qui le plus souvent n'avaient pas le sens commun, et qui ont absorbé en dépenses inutiles des sommes considérables depuis deux siècles et demi, ne devraient-ils pas enfin ouvrir les yeux au chapitre et au Conseil de La Roche sur leurs vrais intérêts réciproques ? Tant de différends ont laissé le chapitre dans l'état de pauvreté où il fut fondé, et la communauté de La Roche n'en a pas retiré le moindre avantage quelconque que celui de dépenser ses revenus à pure perte.

Il me semble donc que le Conseil de ville, qui par la possession est légitime patron des bénéfices de la collégiale, doit chercher à les améliorer, en évitant des procès ; cette attention de sa part ajouterait un nouveau degré à la reconnaissance de ceux qui l'auraient élu, et le bien-être qui en résulterait ferait leur bonheur.

Le chapitre, de son côté, ne peut pas ignorer les rapports étroits, les traités multipliés qui le lient à ses patrons, sans lesquels il ne peut rien changer à sa discipline et à ses statuts : l'indépendance qu'il affecterait tournerait à son désavantage. Il est donc de

l'intérêt de tous ses membres qu'il existe la plus parfaite harmonie entre les deux corps, afin de bannir
et d'abhorrer à jamais la discorde toujours fatale
entre des pasteurs et leurs ouailles.

Après que les différends du Conseil et du chapitre
eurent été heureusement terminés au gré des parties,
messire Joseph-Marie-Victor-Louis Granery, marquis de La Roche, chercha aussi de son côté à termi-
miner le procès qui subsistait depuis 1683 entre sa
maison, la noblesse et le Conseil de la Roche : il se
rendit dans cette ville en 1766, et concerta les moyens
de parvenir à ce but salutaire.

La noblesse confia ses intérêts à noble François-
Emmanuel de Mesmes, seigneur de Loisinge, aujourd'hui colonel ès armées du roi et commandant
de la ville de Carouge ; et la bourgeoisie chargea
M. Jacques Montréal, l'un des conseillers de ville,
de négocier et de défendre les droits qu'elle prétendait.

Ils se rendirent à Chambéry pour traiter avec le
marquis, en présence du seigneur intendant-général
Capris de Castellamont, que le roi avait spécialement
député pour concilier les parties. Après plusieurs
conférences tous les différends furent terminés par
la transaction du 24 août 1767, reçue à Chambéry
par Mᵉ Benoît Magnin, notaire, que les parties acceptèrent, sous la réserve spéciale de l'agrément de
Sa Majesté.

Le primicier d'Evieux, qui fit plusieurs dons assez

9

considérables à la sacristie de la collégiale, succomba enfin à ses infirmités l'an 1773.

Révérend Jean-Baptiste de Cholex du Bourget, seigneur propriétaire de la maison forte de Morgenex, qui succéda en 1774 à Révérend d'Evieux, est actuellement primicier de La Roche.

Ce fut quelque temps après son élection que, sur les instances du seigneur marquis de La Roche, le roi Victor-Amé III, aujourd'hui glorieusement régnant, approuva avec quelques modifications la transaction de 1767, et créa un Conseil permanent par ses lettres-patentes du 12 juillet 1774. Cette concession du souverain étant le seul acte de cette nature que l'on doive consulter pour connaître les droits et les priviléges de La Roche, nous la rapporterons dans son entier, et l'on verra par son contenu que ce souverain bienfaisant, sur les instances du marquis de La Roche, a conservé aux habitants de cette ville, et même à ceux de la paroisse, tous les priviléges que les comtes de Genève leur avaient accordés en 1335, n'ayant supprimé que les abus introduits par le laps de temps.

LETTRES-PATENTES

PORTANT L'ÉTABLISSEMENT D'UN CONSEIL PERMANENT DANS LA VILLE DE LA ROCHE.

—

VICTOR-AMÉ III

PAR LA GRACE DE DIEU ROI DE SARDAIGNE, DE CHYPRE ET DE JÉRUSALEM, DUC DE SAVOIE, ETC., ETC.

« Ensuite de l'inféodation de la ville de La Roche
« et des terres de Mornex et Monestier de son man-
« dement, faite en titre de marquisat au président
« Thomas de Granery, comte de Mercénasque, par
« lettres-patentes du 21 février 1682, les nobles et
« le Conseil de ladite ville, à cause de leurs préten-
« dus priviléges, formèrent plusieurs oppositions,
« dont ils ont été déboutés par arrêt de la Chambre
« des Comptes de Savoie, du 2 avril 1683, en tant
« qu'elles affectoient ladite inféodation, les droits et
« revenus inféodés, ayant seulement été reçus à jus-
« tifier par titres, et non autrement, de la posses-
« sion de leurs priviléges, ou à en rapporter confir-
« mation du souverain.

  « Sur les supplications présentées par la ville, et

« à la considération dudit marquis Granery, sur-
« intendant-général des finances et ministre d'Etat,
« le feu roi Victor, notre très-honoré seigneur et
« aïeul, accorda les lettres-patentes du 15 décembre
« 1684, non-seulement de confirmation de divers
« desdits priviléges, mais encore d'octroi de quel-
« ques autres concernant la bonne administration
« de la ville.

« Malgré ce, les habitans élevèrent de nouvelles
« difficultés pardevant la Chambre des Comptes en
« 1702, qui donnèrent lieu à un long procès de dif-
« férens chefs contre le feu marquis Dom Charles-
« Gaspard-Bernard de Granery, chevalier grand-
« croix de la sacrée religion et de notre ordre mili-
« taire des saints Maurice et Lazare. Après que la
« Chambre a eu pourvu sur quelques-uns d'iceux
« par ses arrêts du 20 février 1762 et 30 août 1765,
« les parties ont cherché de terminer leurs diffé-
« rends par une transaction que le feu roi, notre
« très-honoré père, a daigné favoriser en chargeant
« le feu comte Capris de Castellamont, intendant
« général du duché de Savoie, de les ouïr et porter
« à un accord amiable, sous la réserve de notre
« agrément.

« Cette transaction, reçue par le notaire Magnin,
« ayant eu lieu le 24 août 1767, le marquis Joseph-
« Louis son fils aîné, et les députés de la noblesse et
« du Conseil de La Roche ont supplié pour obtenir
« l'approbation nécessaire.

« Par l'examen de ladite transaction, il nous est
« résulté qu'entre les articles convenus, concernant
« les intérêts du fief et les contestations mues, on
« en a compris plusieurs autres dont la concession
« ne dépend que de notre autorité souveraine.

« Cependant les considérations du bien public qui
« nous rendent favorables aux conventions qui rè-
« glent de gré à gré les procès, et les égards que
« nous avons pour ledit marquis, empressé à ob-
« tenir de nous, en faveur de la ville et de la no-
« blesse de La Roche, l'octroi des articles projetés
« par ledit intendant-général, concernant des graces
« qui ne sauroient émaner que de notre bienfai-
« sance pour regard des honneurs et de l'adminis-
« tration de ladite ville, nous ont déterminés d'y
« consentir avec quelques modifications conformes
« aux principes du gouvernement et du bon ordre,
« et à l'exemple des graces qui ont été accordées à
« d'autres villes de notre duché de Savoie.

« A ces causes, de notre certaine science et auto-
« rité royale, eu sur ce l'avis de notre conseil, nous
« avons accordé et accordons à la ville de La Roche,
« sans paiement de finances, les articles suivans :

« 1° La ville de La Roche aura dorénavant un
« Conseil permanent composé de deux syndics et de
« dix conseillers. Le premier syndic et trois conseil-
« lers seront choisis d'entre les nobles, le second
« syndic et cinq conseillers parmi les plus notables
« bourgeois, et les deux autres conseillers d'entre

« les habitans des hameaux dépendant de ladite
« ville. A ces fins, pour l'établissement dudit con-
« seil, nous avons dérogé et dérogeons à l'article
« cinquième de l'édit du 11 septembre 1738.

« 2° Ceux qui n'ont point de fief avec jurisdiction,
« ne pourront être élus pour conseillers nobles,
« qu'après avoir rapporté une déclaration de leur
« noblesse de notre Chambre des Comptes.

« 3° Ce Conseil sera de plus composé d'un procu-
« reur et d'un secrétaire de ville, qui n'auront pas
« voix délibérative.

« 4° L'intendant-général de Savoie fera en notre
« nom, la première fois, l'élection des syndics et
« conseillers, qui seront ensuite mis en possession
« de leurs charges par l'intendant de Genevois, en-
« tre les mains duquel ils prêteront le serment re-
« quis.

« 5° Les deux conseillers, qui seront pris parmi
« les habitans les plus notables des hameaux dépen-
« dant de ladite ville, ne resteront dans le corps du
« conseil que deux ans; et afin que cette charge
« leur soit moins onéreuse, ils ne pourront même
« être élus de nouveau pour conseillers qu'après
« l'intervalle de quatre ans, depuis qu'ils en seront
« sortis; et ils ne pourront jamais être syndics.

« 6° Après que le Conseil aura été formé de la ma-
« nière sus exprimée, il nommera le procureur, et
« un secrétaire qui sera approuvé par l'intendant
« du Genevois.

« 7° Le Conseil s'assemblera dans la salle de la
« maison-de-ville chaque premier lundi du mois, et
« toutes les fois que notre service, celui de la justice
« ou du public l'exigeront. Les syndics le feront
« convoquer au son de la cloche, outre l'avis que le
« valet-de-ville en donnera à chaque membre, ainsi
« qu'au juge; en cas d'absence au lieutenant, et à
« leur défaut au châtelain, et à son défaut au curial.

« 8° Les syndics occuperont dans la salle de la
« maison-de-ville la place la plus honorable et la
« plus distinguée, et auront devant eux une table
« couverte d'un tapis. Le juge, et en son absence le
« lieutenant, se placera entre les deux syndics; les
« conseillers nobles prendront place à la droite des
« syndics, et immédiatement après lesdits conseil-
« lers nobles, le châtelain, soit officier local. Les
« conseillers bourgeois habitant dans la ville, et les
« deux conseillers des hameaux seront à la gauche,
« après eux le procureur de ville. La préséance res-
« pective des conseillers se réglera actuellement sui-
« vant l'âge, et à l'avenir suivant le temps de ré-
« ception.

« 9° Le marquis de La Roche ayant occasion d'en-
« trer au Conseil, aura une place distinguée entre
« les deux syndics.

« 10° Il sera permis aux deux syndics de porter le
bâton et la robe violette dans toutes les cérémonies.

« 11° Le Conseil, dans les processions et autres
« cérémonies, gardera l'ordre qui suit : le valet-de-

« ville, habillé à la manière accoutumée, sera immé-
« diatement après le clergé, le secrétaire et procu-
« reur de ville marcheront ensuite avec le châtelain,
« ou le curial au milieu d'eux. Si le procureur ou
« le secrétaire n'interviennent pas, le châtelain
« prendra la droite. Après eux suivront les syndics
« et conseillers. Les syndics, châtelain et curial se
« placeront suivant l'usage dans les stalles, c'est-à-
« dire, du côté droit le châtelain ou curial, et du côté
« gauche les syndics, entre lesquels le juge prendra
« place lorsqu'il se trouvera à ces cérémonies. Les
« conseillers, secrétaire, procureur de ville n'auront
« aucune place distinguée dans l'église.

« 12° A l'avenir l'élection des syndics se fera cha-
« que année le dernier jour de décembre à la plu-
« ralité des voix, en l'assistance du juge, et à son
« absence du lieutenant ou des officiers locaux. Les
« nouveaux syndics prêteront, dans la même séance
« et en présence du Conseil assemblé, le serment
« entre les mains du juge ou de son lieutenant, ou
« du châtelain en cas d'absence des deux premiers.

« 13° Lorsqu'il y aura des places vacantes de con-
« seillers, le Conseil nommera à la pluralité des
« voix les meilleurs sujets des classes respectives ;
« l'on ne pourra cependant élire les comptables à la
« ville, les parents ou alliés des syndics et conseillers
« au second degré de consanguinité, ou d'affinité à
« compter suivant le droit canonique. Les nouveaux
« élus prêteront serment, en présence du Conseil,

« entre les mains de qui il a été dit ci-dessus à l'é-
« gard des syndics.

« 14° Le Conseil ne pourra faire aucune délibéra-
« tion valide, à moins que le nombre n'excède la
« moitié.

« 15° Nous confirmons, et en tant que de besoin
« nous permettons à la ville de La Roche de faire des
« réglements de police que le Conseil dressera de
« concert avec le marquis de La Roche, et qui de-
« vront être approuvés par le Sénat de Savoie avant
« que d'être mis en exécution.

« 16° Attendu le consentement donné par le mar-
« quis de La Roche dans ladite transaction, nous
« permettons que la juridiction de police soit exer-
« cée par un juge particulier qui ait les qualités re-
« quises pour en bien remplir les fonctions. Le Con-
« seil de trois ans en trois ans présentera trois de ses
« membres au marquis, d'entre lesquels celui-ci en
« nommera un pour juge de police, qui se choisira
« un lieutenant parmi lesdits membres, et cela se
« pratiquera toujours ainsi à l'avenir, excepté que la
« juridiction de La Roche ne vienne à être réunie à
« notre couronne; sans que le Conseil de ville puisse
« en induire ni prétendre aucun droit direct ou in-
« direct de nomination dudit juge de police, comme
« il a été expressément convenu par ladite transac-
« tion.

« 17° Le juge de police et son lieutenant, avant
« que d'exercer cet office, prêteront entre les mains

« du juge-mage de Genevois le serment de s'en ac-
« quitter avec fidélité, et de ne point s'ingérer dans
« les contraventions auxquelles il est pourvu par les
« constitutions, ou par d'autres loix générales, ni
« pour ce qui concerne l'indemnité due aux person-
« nes endommagées, la connoissance de tous ces cas
« appartenant au juge ordinaire.

« 18° Il connoîtra des contraventions aux statuts
« de police, approuvées par le Sénat, et il infligera
« les amendes et confiscations portées par iceux.

« 19° Lesdites amendes ou confiscations appar-
« tiendront par une moitié au marquis de La Roche,
« et l'autre à la ville, en vertu du département gra-
« cieux fait en faveur de la ville par ledit marquis
« dans ladite transaction, sous la distraction cepen-
« dant du quart sur le total pour le dénonciateur, et
« c'est avec la déclaration et réserves portées par la
« même transaction que ce département de la moitié
« desdites amendes acquises entièrement au fief par
« l'inféodation n'aura lieu, de même que ceux des
« articles suivans qui en dépendent, qu'autant que
« la jurisdiction de La Roche ne sera pas réunie à la
« couronne.

« 20° Le juge de police ne pourra cependant pas
« connoître des contraventions auxquelles il est
« pourvu par nos constitutions et autres loix géné-
« rales, le droit du fisc sera toujours réservé pour
« procéder criminellement lorsque les contraven-
« tions portent titres de délits.

« 21° L'on ne pourra appeler des ordonnances du
« juge de police quand l'amende n'excédera pas
« vingt livres ; mais comme elle peut excéder cette
« somme, particulièrement lorsqu'on ordonnera la
« perte des denrées, l'on sera admis en ce cas à en
« appeler au juge-mage du Genevois.

« 22° Le secrétaire de ville fera les fonctions de
« greffier de police, et tiendra en cette qualité le
« registre des ordonnances, avec une note des
« amendes qu'il remettra de trois mois en trois mois
« au châtelain de La Roche, pour en procurer au
« marquis la portion afférente : ledit registre sera
« tenu en bon ordre, et détaillé de toutes les accusa-
« tions, condamnations et exactions d'amendes, afin
« que la ville en puisse rendre compte lorsqu'il lui
« sera ordonné par qui de droit.

« 23° Le procureur de ville, dans tous les cas de
« contravention, fera des requisitions contre les
« contrevenans, et le valet-de-ville donnera les assi-
« gnations nécessaires et fera toutes les fonctions de
« sergent dans les cas dépendant de la police, et pré-
« tera le serment en tel cas requis entre les mains
« du juge-mage.

« 24° A l'égard de l'exemption des droits de leyde
« et de péage en faveur des bourgeois de la ville,
« nous avons approuvé et approuvons les arrange-
« ments pris par ladite transaction relativement
« aux précautions et conditions nécessaires pour la
« dite exemption, et pour l'admission des bour-

« geois de la manière et avec les réserves portées
« par icelle.

« A cet effet personne ne pourra être reçu bour-
« geois de la ville de La Roche, qu'autant qu'il sera
« habitant de la ville, ou de ses fauxbourgs ; et ceux
« qui ont été mis au nombre des bourgeois, sans ja-
« mais avoir habité ladite ville ou ses fauxbourgs,
« seront rayés de la bourgeoisie ; et ceux des bour-
« geois qui ont déshabité, ne pourront plus jouir des
« priviléges des bourgeois qu'en tant que, dans l'es-
« pace de trois ans, ils réhabiteront dans la dite
« ville, ou ses fauxbourgs, auxquels cas, pour jouir
« des mêmes priviléges, ils se feront inscrire de nou-
« veau dans le registre, ensuite d'une délibération
« du Conseil dûment enregistrée et rapportée dans
« le livre des bourgeois.

« 25° Ceux des bourgeois qui à l'avenir cesseront
« d'habiter pendant une année entière dans la dite
« ville ou ses fauxbourgs, perdront les priviléges de
« la bourgeoisie, et seront en conséquence sujets aux
« paiements de leyde et de péage jusqu'à ce qu'ils
« réhabitent ; auquel cas, pour jouir de l'exemption,
« ils seront obligés de se faire inscrire de nouveau
« dans le livre des bourgeois par délibération con-
« sulaire enregistrée comme dessus.

« 26° Quoique par les lettres-patentes du 15 dé-
« cembre 1684 il soit dit, que ne pourront être cen-
« sés faits bourgeois par le Conseil que ceux qui
« auront habité et tenu domicile dans la ville tant

« seulement ; cependant comme le Conseil a reçu au
« nombre des bourgeois plusieurs habitans des ha-
« meaux dépendant de la dite ville, sous prétexte
« qu'ils en supportent les charges, qu'ils ont con-
« tribué et contribuent aux frais du décore et em-
« bellissement de la ville, qu'ils font nombre de la
« même communauté et de la même paroisse, ainsi
« eu égard au consentement donné par ledit mar-
« quis pour son intérêt et celui de ses successeurs,
« nous permettons que ceux des habitans desdits
« hameaux qui feront conster d'avoir été reçus
« bourgeois, continuent à jouir des privilèges de
« bourgeoisie ; mais à l'avenir pour ne pas multiplier
« le nombre des bourgeois au préjudice des droits
« du fief, aucun des habitans desdits hameaux ne
« pourra être reçu bourgeois qu'après trente ans
« écoulés dès la date des présentes, et passé lesdits
« trente ans on ne pourra recevoir bourgeois que les
« habitans desdits hameaux qui seront cotisés à
« quinze livres de tailles cadastrées au cadastre de
« La Roche, ce qui n'aura cependant lieu qu'autant
« que le fief et la jurisdiction ne seront pas réunis à
« la couronne ; puisque ce cas avenant, les habi-
« tans desdits hameaux ne pourront jouir d'aucune
« exemption de leyde et de péage.
« 27° La ville donnera copie du registre des bour-
« geois au châtelain, afin qu'il puisse savoir qui sont
« ceux qui doivent jouir de l'exemption du paiement
« des droits de leyde et péage dûs au fief. Telle

« exemption cependant n'aura lieu que pour les
« denrées provenantes de leurs propres biens, et à
« l'exclusion de celles qui pourront avoir été per-
« çues par voie de ferme, commerce ou autre cause
« quelconque.

« 28° Personne ne pourra être reçu bourgeois à
« l'avenir sans payer une somme proportionnée à la
« condition et aux facultés des requérans, laquelle
« sera arbitrée par le Conseil, appliquée au profit de
« la ville et portée dans le rôle des avoirs de ladite
« ville.

« 29° Il sera loisible à ladite ville de continuer à
« jouir de la prérogative de faire tirer à l'oiseau à la
« manière accoutumée, et de faire tirer un prix-
« franc dont le montant sera fixé par l'intendant
« du Genevois. Le syndic noble qui sera nommé par
« le Conseil commandera la bourgeoisie sous les ar-
« mes toutefois et quand elle sera dans le cas de
« les prendre, et présidera au tirage.

« 30° La leyde des grains appartenante au mar-
« quis de La Roche, sera exigée de la manière ac-
« coutumée, dont on fera conster à notre Chambre
« des Comptes. On se conformera pour l'exaction du
« péage au tarif de ladite Chambre de 1717, et
« quant à la leyde des autres denrées et marchandi-
« ses, on se réglera aussi au tarif que l'on devra
« obtenir dudit magistrat, et jusqu'alors les fermiers
« du fief continueront d'exiger lesdits droits de leyde
« comme ils ont fait par le passé : et afin d'éviter les

« fraudes qui pourraient arriver dans l'exaction de
« la leyde des grains, le marquis de La Roche fera
« remettre dans les archives de la ville des doubles
« des matrices, soit échantillons des mesures avec
« lesquelles on leyde lesdits grains, lesquelles mesu-
« res seront échantillées par l'échantilleur royal, et
« marquées aux armoiries dudit marquis.

« 31° La ville continuera de jouir, comme par le
« passé, des revenus des fours, boucheries, grand et
« petit poids, montagnes, communaux, gabelle du
« vin ; sauf le beau vin du mois d'août qui appar-
« tient au fief avec les servis qui lui sont dûs par la
« ville, conformément aux terriers et de la manière
« portée par les patentes du 15 décembre 1684 ; à
« condition cependant que la ville présente à notre
« Chambre des Comptes les reconnaissances dépen-
« dantes du marquisat et ses autres titres, pour ob-
« tenir déclaration de la légitimité de ses droits.

« Mandons à nos Sénat de Savoie et Chambre des
« Comptes d'entériner les présentes, telle étant no-
« tre volonté.

« Donné à Montcalier le 12 de juillet 1774, et de
« notre règne le second (1). »

Signé : VICTOR-AMÉDÉE.

Visa. LANFRANCHI, P. P. et P. C. d'Etat.

Visa. PETITI DE RORETO, pour le contrôleur-gé-
néral des finances.

----

(1) Cette patente a été entérinée au Sénat de Savoie par arrêt
du 3 mars 1775.

Visa. Botton de Castellamont, pour le général des finances.

Contresigné : Corte.

Ensuite de cette disposition du roi l'on procéda à l'élection du nouveau Conseil, que M. Sechy, intendant de la province du Genevois, vint lui-même mettre en possession. Les conseillers élus suivant l'ordre de leur âge furent : les nobles Jean-Charles Saultier de la Balme de l'Echelle, Claude-Joseph-Marie de Saint-Sixt (1), Philippe de Livet, baron de Monthoux et seigneur de Monnant, Louis-Marie de Chissé, seigneur de Polinge et de la Bâtie-Dardel, et les sieurs Gabriel Hoquiné (2), Claude Tappaz, Jacques Montreal, Joseph-Antoine Dard, Philippe Pomel et Jean-Claude Martin, et deux autres conseillers habitants des hameaux de la paroisse de La Roche. Mᵉ Claude-André Dufour, notaire, et depuis longtemps secrétaire de la communauté, fut confirmé dans cette charge, et le sieur Thomas Plantard fut élu pour procureur de ville.

Après cette mise en possession, les nobles syndics et Conseil de La Roche, de concert avec le seigneur marquis, s'occupèrent à dresser des statuts de police pour maintenir, dans cette ville, le bon ordre et la

(1) A la mort de M. de Saint-Sixt, arrivée en 1784, noble Henri de Sauvages, son gendre, fut élu conseiller.

(2) M. Hoquiné à cause de son grand âge ayant obtenu d'être déchargé de conseiller, Mᵉ Etienne-Joseph Arestan a été élu à sa place.

tranquillité publique. Ils furent présentés au Sénat,
qui les approuva par son arrêt du 26 mai 1780.

Je ne parlerai point ici des différends survenus de
nouveau entre le Conseil de ville, à l'occasion de la
sonnerie et de la résidence de deux chanoines à
Saint-Sixt et à Rambod pour desservir ces deux cures
au nom du chapitre : le Sénat les a terminés par
arrêt du 9 mai 1785, en déboutant la ville de toutes
ses conclusions. La part que j'ai été obligé d'y
prendre, les ennemis que ce procès m'avait injuste-
ment procurés, en défendant avec zèle, quoique sans
passion, les droits de mon chapitre, m'imposent un
silence absolu sur tout ce qui est arrivé à La Roche
depuis cette époque.

N'ayant eu d'autre motif dans la publication de
cette histoire, que de prévenir des procès entre les
différents corps de la ville de La Roche, en spécifiant
les droits et les priviléges d'un chacun, il semble
que ce but exigeait de ma part quelques détails sur
les arrêts et transactions qui ont fixé la cote et la
qualité des fruits décimables dans l'étendue de la
paroisse. Mais outre l'aridité et la sécheresse attachées à ces matières, la sage prévoyance du mo-
narque bienfaisant sous la domination duquel nous
vivons, va rendre inutiles toutes connaissances à cet
égard. Il ne reste aux bons Savoisiens qu'à attendre
avec la plus grande confiance l'effet des vues pater-
nelles de S. M. que le Sénat vient d'annoncer par sa
lettre aux châtelains en date du 8 juin 1790. Les

ministres de la religion ne redouteront plus l'indigence, les autels et les temples présenteront une décoration décente, les propriétaires verront toutes disputes relatives à la dîme éteintes jusque dans leur principe par un roi sage et éclairé, comblé de bénédictions par la reconnaissance des pasteurs et des ouailles, que nul motif d'intérêt ne divisera.

Puisse ma patrie jouir à jamais de ce bienfait et de la plus parfaite harmonie! C'est le vœu que mon cœur reconnaissant fait tous les jours pour le corps dont je suis membre, et pour les habitants de la ville et de la paroisse de La Roche qui daignent m'honorer de leur estime et de leur bienveillance.

SUCCESSION

DES PLÉBAINS CONNUS

DE L'ÉGLISE PAROISSIALE DE SAINT-JEAN-BAPTISTE

DE LA VILLE DE LA ROCHE (1).

—

Guillaume d'Amancy, curé de La Roche en 1280.

Guillaume de Joinville, plébain en 1340.

Pierre de Moréty, en 1340.

Jacques de Monthoux, prévôt de la cathédrale de Genève, fondateur des altariens de La Roche en 1381.

Rodolphe de la Forest, comte de Lyon, chanoine de Genève et plébain commendataire en 1427.

Guillaume de Lornai, chanoine de Genève, plébain en 1460.

Jean de Chicaé, chanoine de la cathédrale de Grenoble, plébain en 1480.

Pierre de Soirier, plébain en 1515.

Guillaume de Vêge, chanoine, official, grand-vicaire de Genève, protonotaire apostolique, fut plébain en 1520 et mourut en 1535. L'on voit son tombeau dans la chapelle de Notre-Dame-de-Grâce.

Jean de Ginod, prévôt, official, grand-vicaire de l'église d'Aoste, prieur de Saint-Benin, ambassadeur du duc de Savoie, était plébain commendataire de La Roche en 1535.

---

(1) Cette succession des plébains est tirée des titres originaux de l'archive de la collégiale de La Roche et des visites du diocèse de l'an 1412, 1443, 1481 et 1518, dont les originaux sont dans les archives de la république de Genève.

SUCCESSION & TABLE CHRONOLOGIQUE

DES

RÉVÉRENDS SEIGNEURS PRIMICIERS

DE L'ÉGLISE COLLÉGIALE DE LA ROCHE.

—

1. **Pierre de Lambert**, évêque de Caserte, premier abréviateur en Cour de Rome, référendaire des deux signatures, camérier du pape Paul III, chanoine de la cathédrale de Genève, dernier plébain, fondateur et premier primicier de la collégiale de La Roche en 1536, mort à Rome en 1541.

2. **Jean de Vège**, chanoine de la cathédrale, official, professeur en droit civil et canonique à Genève, fut élu primicier en 1541 et mourut en 1552.

3. **Sébastien Saultier de La Balme** vivait en 1564.

4. **Jean d'Angeville**, docteur ès lois, curé de Saint-Romain et de Saint-Jean-de-Tholome, élu en 1560 et mort en 1568.

5. **Claude d'Angeville**, neveu du précédent, était chanoine de la cathédrale, grand-vicaire, official du diocèse de Genève, aumônier du duc de Genevois, doyen de Vuillonex et prieur commendataire de Douvaine, élu primicier en 1568 et mort en 1627.

6. **Jean-Louis de Lambert**, d'Arbusigny, aumônier du duc de Savoie Charles-Emmanuel Ier, était chevalier de l'ordre royal et militaire des saints Maurice et

Lazare, commandeur d'Aiguebelette, Scarnafix, doyen de Vuillonex, prieur de Saint-Baldoph et de Burdignin, élu en 1627 et mort le 5 août 1646.

7. **François Deage de Mesmes de Loisinge**, seigneur de Chaffardon, était prieur de Talissieux, official de saint François de Sales en la partie de France, élu primicier le 5 décembre 1646, mort en 1651.

8. **Pierre Deage de Mesmes de Loisinge**, prieur de la Madeleine, élu en 1651, mort l'an 1676.

9. **Michel-Gabriel de Rossillon de Bernex**, chanoine régulier de Saint-Antoine, fut élu primicier en 1677, et dans la suite évêque de Genève.

10. **Jean-Charles de la Forest**, ex-curé de Pontchy, fut nommé primicier en 1677 et mourut en 1698.

11. **François-Nicolas de Lucinge**, élu en 1699, mort en 1720.

12. **François de Genève de Boringe**, élu en 1721 et mort en 1747.

13. **Jean-Marie de Benevix**, chanoine de la cathédrale, successivement curé de Feigères et de Thairy, fut élu primicier en 1748 et mourut en 1752. M. de Benevix fit imprimer en 1735 l'oraison funèbre de Mgr de Bernex, citée dans la *Bibliothèque des écrivains suisses*, tome III, page 325.

14. **Henri d'Evieux de Levaux**, ex-curé d'Anthy, nommé primicier en 1752 et mort en 1775.

15. **Jean-Baptiste de Cholex du Bourget**, seigneur de la maison forte de Morgenex, est actuellement primicier de La Roche depuis 1774.

TABLE CHRONOLOGIQUE

DES ARCHIDIACRES

DE L'ÉGLISE DE LA ROCHE.

Année de leur élection.	—	Année de leur mort, ou démission.
1er 1537	Jean de Vêge le jeune, chanoine de la cathédrale, professeur en droit, ensuite primicier en..................	1541
2e 1541	Jean de Vêge l'oncle, chanoine de la cathédrale, mort en.............	1544
3e 1544	Pierre Saultier de la Balme résigna en......................	1551
4e 1551	Jacques de Vêge, mort en.....´.	1590
5e 1590	Pierre de Asinier-Lombard, mort en........................	1600
6e 1600	François de Saint-Sixt, docteur de Louvain, mort en...............	1632
7e 1655	François Deage de Mesmes, seigneur de Chaffardon, ensuite primicier en.......................	1646
8e 1646	Pierre Deage de Mesmes, ensuite primicier en.................	1651
9e 1651	Pierre Piddet permuta avec le suivant en	1665

10ᵉ 1665 Pierre Decoux, docteur de Sorbonne, aumônier de Madame Royale
Christine de France, duchesse de Savoie, fut précenteur de l'église collégiale de Notre-Dame d'Annecy en... 1669

11ᵉ 1669 Claude-François Constantin
de Magny permuta avec le suivant en......................... 1677

12ᵉ 1677 J.-Pierre Dominget, ex-curé de
Meiny, ensuite préfet de la collégiale de
Saint-Jeoire, près de Chambéry, en... 1685

13ᵉ 1683 Jean-Claude Billod fut archidiacre sans être gradué ; il mourut en 1690

14ᵉ 1690 François-Nicolas de Lucinge, ensuite primicier en......... 1698

15ᵉ 1698 Jean-François Genevois, docteur de la Faculté de Paris, aumônier
de S. A. R., mort en............. 1719

16ᵉ 1719 Louis Frelet, mort en......... 1746

17ᵉ 1746 Jean Puthod, bachelier de Sorbonne, docteur en théologie, premier professeur de philosophie au collége royal
de La Roche, donna sa démission en
1747 et fut pourvu d'un canonicat à la
cathédrale de Genève, où il a été successivement archidiacre et chantre, promoteur et maintenant vicaire-général
du diocèse. Il est auteur de l'ode latine
composée en 1757, à l'occasion du mariage du roi Charles-Emmanuel III avec
la princesse Elisabeth-Thérèse de Lorraine, reine de Sardaigne, ode traduite

en français par le célèbre Jean-Jacques
Rousseau et insérée dans les dernières
éditions de ses ouvrages............ 1747
18ᵉ 1747 **Joseph Bouvier** donna sa démission en....................... 1751
19ᵉ 1751 **Joseph Pelloux** fut pourvu de l'archidiaconat en Cour de Rome et mourut
en............................ 1759
20ᵉ 1759 **Jean-Claude Dard** est aujour-
d'hui archidiacre.

TABLE CHRONOLOGIQUE

DES CUSTODES

DE L'ÉGLISE DE LA ROCHE.

Année de leur élection.	—	Année de leur mort ou démission.
1er 1557	Jean de Vêge l'oncle, ensuite archidiacre en	1541
2e 1542	Claude de Genville	1556
3e 1556	François Pinsabin, prieur de Saint-Sulpice et curé de Motz en Chautagne, mort en	1586
4e 1586	Christophe Janin, mort en	1590
5e 1590	André du Noyer	1600
6e 1600	Jacques Bouvard	1615
7e 1615	François Rosset, ensuite curé de Saint-Laurent en	1618
8e 1618	François Deage de Mesmes, seigneur de Chaffardon, ensuite archidiacre et primicier.	
9e 1617	Christophe Janin, mort en	1628
10e 1628	François Verdel, mort en	1659
11e 1659	Pierre Deage de Mesmes, ensuite archidiacre et primicier.	
12e 1646	Mathieu d'Ogier, mort en	1647
13e 1647	Pierre Piddet, ensuite archidiacre.	1651
14e 1651	Bernard Saillet, mort en	1676

15ᵉ 1676 Jean-Claude Billod, ensuite archidiacre en...................... 1685

16ᵉ 1685 Gaspard Chartrier, mort en.... 1687

17ᵉ 1687 Joseph de la Maison, mort en. 1706

18ᵉ 1706 Charles Contat, docteur en théologie........................... 1729

19ᵉ 1729 Claude-François Raphy..... 1746

20ᵉ 1746 Jean Contat................... 1760

21ᵉ 1760 François Pepin 1780

22ᵉ 1780 Joseph Dronchat, mort le 9 avril 1789

23ᵉ 1789 Jean-Louis Grillet, élu le 15 avril.

TABLE CHRONOLOGIQUE

DES CHANOINES

DE LA COLLÉGIALE DE LA ROCHE.

Année de leur élection.	—	Année de leur mort ou démission.

Première nomination faite le 27 mars 1537.

Claude de Genville, bachelier ès-droits.

Boniface de la Grange.

Aimé Pensabin.

Jean d'Angeville, curé de Saint-Romain, mort primicier en 1568

Nicolas du Martherey, curé de Rambod, mort en 1559

Girard Caligé, mort l'an 1549

Amédée Clavel.

Guillaume de Vège, curé d'Amancy, qui procura l'union de sa cure à l'abbaye d'Entremont.

Michel Testoz.

Nicolas de Nanto, mort en . . . 1549

Pierre Bouvard.

Guichard Maillet.

Louis Rosset.

1540 Humbert d'Amancy.

1542 {
François Pinsabin, ensuite custode.
François de Lavenay.
Pierre Saultier de la Balme, ensuite archidiacre.
}

1549 {
Pierre de Molandine.
André Dunoyer.
}

1552 {
André Pelard.
Jean Rosset.
}

1556 {
Nicolas Janin, mort en 1591
François Longet, fondateur de la collégiale de Samoëns, dont il fut le dernier plébain et le premier doyen l'an 1581 . . 1581
}

1556 {
Mathias Grillet, qui résigna en . . 1576
Claude-Janus Pernat, d'Araches, résigna en 1560
Louis Morel.
Henri Vellut, mort en 1589
Jean de Saint-Prio.
Antoine Famelloz, ensuite bénédictin à Contamine.
}

1570 {
Pierre Borrel, résigna en 1579
Antoine Peguet, légua sa bibliothèque au chapitre.
}

1572 {
Roulp. de la Grange.
N. Saillet.
Nicolas de Medio, ensuite chanoine de Saint-Nizier de Lyon.
}

1575 {
Claude Magnin, curé de Saint-Jean-d'Aulph.
Pierre de Asignier-Lombard, ensuite archidiacre en 1590
}

1576 Jacques Caligé.

1579 Jacques Bouvard.

1580 Jean Gaillard.

1581
- Adivard Bergier, mort en 1588
- Nicolas Gaillard - Dupraz , mort en 1589
- Pierre Damex , tué à coups de fusil sur la porte de l'église par les Genevois, le 29 mars 1590

1582 Pierre Collet, théologal, premier préfet et professeur du collége de La Roche, dernier curé de Saint-Sixt, légua sa bibliothèque au chapitre, et mourut le 10 juillet 1587

1582 Pierre Perronis, curé de Pers, mort l'an 1626

Jean de Bornand.

1591 Théodore Varrouf-Gondran, docteur en théologie, chanoine de la cathédrale, curé de Saint-Laurent, missionnaire en Chablais sous saint François de Sales, premier curé de Corsier.

1597 François Thabuis, auparavant curé de Flumet, missionnaire en Chablais, et premier curé de Saint-Cergues.

1593
- François Gaud.
- André Capris de Castellamont, mort en 1603
- Jean Chappaz, qui mit sa démission la même année 1593
- Antoine Bouvard, mort en . . . 1601
- François Bally, mort en. 1602
- François Verdel.
- André Croset.

Jacques de Medio.

1600 Paul Philippe, ensuite bénéficier à Grenoble en 1630

1602 Jacques Magnin.

1604 François Magnin, ensuite chanoine de Saint-Jean-de-Maurienne en 1651

1604 Jacques Lombard, résigna en . . 1654

Claude Lambert, mort en . . . 1637

Pierre Pernat, curé d'Araches, qui accompagna saint François de Sales à Lyon et à Avignon en 1622, lorsqu'il se rendit

1612 dans cette première ville pour le mariage de S. A. R. Victor-Amé Ier, duc de Savoie, et de Madame Royale Christine de France; il donna la démission de son canonicat en 1654

1613 Jean Rex, mort recteur de la paroisse de Saint-Sixt en. 1648

Mathieu d'Ogier.

1615 Jean Battardon, mort en 1655

1618 Christophe Dumonet, mort en . 1626

1626 François Marquet, mort en. . . 1630

Pierre Piddet, ensuite archidiacre en 1651

André Bouthey, mort en 1673

1627 Charles de Messa, recteur de Saint-Sixt, assassiné au-dessus de la Bonne-Fontaine en 1640

Jean-François Chardon.

1651 Pierre Deage de Mesmes, de Loisinge, successivement custode, archidiacre et primicier, mort en 1676

1654 Pierre Gaillard, donna sa démission en 1659

1635 Bernard Saillet, mort custode en . . 1676

1636 Nicolas Gilbert, curé de Pers.

1639 Jean-Claude Billod, mort archidiacre en 1690

1640 Noël Bernard : c'est ce chanoine qui
a copié et noté à la main le *Graduel* dont
on se sert encore aujourd'hui; il mourut en 1660

1640 Nicolas Vincent, professeur au collége de La Roche, mort en 1683

1646 Jean Maniglier, mort en 1672

1648 Claude Rattelet, mort en 1676

1648 Michel Contat, mort en 1676

1651 Gaspard Chartrier, mort custode en 1687

1654 Joseph de la Maison, mort cus--
tode en. 1706

1659 Gaspard Deage, nommé par l'évêque
de Genève quoique sous-diacre, à la place
du chanoine Gaillard, bénéficié à Grenoble.
Le chanoine Deage avait été châtelain de
La Roche, et marié avant que d'embrasser
l'état ecclésiastique; il eut cinq fils; de
l'aîné descend la maison du médecin Deage
d'aujourd'hui, les quatre autres embrassè-
rent l'état ecclésiastique ou religieux ; deux
furent curés, le troisième barnabite, et le
quatrième bernardin à Saint-Jean-d'Aulps.
Ils assistèrent tous quatre leur père à la
célébration de sa messe quinquagénaire;
les deux curés firent diacre et sous-diacre,
et les deux religieux chapiers, circons-
tance qui est peut-être unique. Le chanoine Deage mourut en. 1709

1660 Antoine Arbarestier.

1667 Pierre Decoux, docteur de Sorbonne, ensuite archidiacre.

1671 Henri Pepin, ensuite curé de Vallières en 1673

1673 Claude Forestier, mort en 1676

Claude Delcan, missionnaire auprès de M. Bossuet dans le diocèse de Meaux ; ce grand prélat, ayant appris que l'on procédait contre M. Delcan à cause de sa non résidence, écrivit à Mgr d'Arenthon d'Alex, évêque de Genève, sur ce sujet, et sa lettre est un éloge continuel des travaux, du zèle et de la science de ce chanoine, qui sur la demande du savant évêque de Meaux fut dispensé de la résidence à La Roche.

1676 François Pillod, mort en 1727

Louis Pepin, mort en 1700

Joseph David, mort en 1709

Claude Pin, ensuite curé de Menthonnex l'an 1679

1679 Pierre Perret, mort en 1703

1683 Charles Contat, docteur en théologie, mort custode l'an 1729

François-Nicolas de Lucinge, mort primicier l'an 1720

1687 Jean-François Genevois, mort archidiacre l'an 1719

1689 Alexis Reveiron.

1690 Michel Saultier de la Balme, permuta en 1705

Jean-François Tissot légua 1200

florins pour la construction de l'orgue de
la collégiale, mourut en 1743
Pierre La Plante donna sa démission
en 1709
1700 **Jean-Claude Pepin**, mort en. . . 1719
1701 **Charles Janin**, mort en 1729
1703 **Claude - François Raphy**, mort
custode en. 1746
1705 **Louis Frelet**, mort archidiacre en . 1746
Claude-Nicolas Monat, mort en . 1730
1706 **Jean-Claude Contat**, mort en . . 1756
1709 **Maurice Chevalier** donna sa démission en. 1716
Guillaume Puthod, mort en . . 1736
1713 **Joseph Bouvier**, ensuite archidiacre.
1716 **Philibert de Louly** donna sa démission en. 1718
1718 **François Vittuppier**, fut professeur
et préfet du collége de La Roche depuis
1712 qu'il remplaça les jésuites dont il était
l'élève. En 1729, il fut choisi par le roi
Victor-Amé II pour enseigner la philosophie dans le collége d'Annecy que l'on venait de confier à des prêtres séculiers. Il
donna la démission de son canonicat en
1755, année où il fut pourvu de la cure de
Confignon. M. Vittuppier, tout occupé du
saint ministère et de la direction des âmes,
traduisit en latin le dictionnaire de Pontas,
qui fut imprimé à Genève en trois volumes
in-folio; il y ajouta des notes pour expliquer ou rectifier quelques décisions de

11

l'auteur. (Voyez le supplément au dictionnaire de Moréry.)

1719 Michel-Gabriel Tavernier, ensuite prêtre de la Sainte-Maison de Thonon
l'an 1724

1719 Joseph Pelloux, mort archidiacre l'an 1759

1724 Joseph Rouge, professeur et préfet du
collége de La Roche, ensuite curé de Com-
bloux l'an 1755

1727 Jean Contat, nommé par l'évêque, mort
custode en 1765

1729 François Pepin, mort custode l'an . 1780
Sébastien Bouthey, mort recteur de
Saint-Sixt l'an 1740

1730 Jean-Louis Dufour, mort en. . . 1747

1753 Jean Puthod, ensuite archidiacre, aujourd'hui chantre de la cathédrale et vicaire-général du diocèse.

1735 Melchior Deluermoz avait été auparavant prêtre de la congrégation de la
Mission, l'ami et le collègue de M. Collet
dans la maison de St-Lazare, à Paris. Monseigneur de Mazin, évêque de Maurienne,
demanda au chapitre M. Deluermoz pour
diriger pendant quelques temps son sémi-
naire, ce qui lui fut accordé par délibération du 8 février 1736. Il donna la démission de son canonicat le 5 avril 1740, année 1740
où il fut pourvu de la cure de Saint-Mau-
rice-de-Rumilly, et est mort curé de Frangy
l'an 1784.

1736 Christophe Ciclet, mort l'an . . . 1766

1740 Jean-Claude Bret, professeur de rhétorique, préfet du collége de La Roche, mort
l'an 1773

1746 Jean-Louis Touvier, mort l'an . . 1768
Joseph-Marie Tappaz, mort l'an . 1782
Joseph Montreal, professeur de philosophie à La Roche, curé de Reigny en
1755, mort en 1785

1747 Joseph Dronchat, mort custode le 9
avril; il a légué sa bibliothèque au chapitre, et donné tout ce qu'il possédait pour
l'entretien de deux enfants de chœur.

1747 Valentin Pugin. *

1751 Jean-Claude Dard, archidiacre en
1760. *

1755 Michel Dumonet. *

1756 Joseph Thabuis, recteur de Saint-
Sixt. *

1760 Jean-François Dufour, mort l'an 1768

1763 François-Marie Orsier. *

1768 Antoine Bouvard. *

1768 Pierre Maugard, professeur de rhétorique et préfet du collége de La Roche, mort
l'an 1789

1770 Antoine Delachinal, régent de troisième au collége de La Roche, mort l'an . 1772

1772 Claude-Louis Nepple, professeur
de rhétorique, préfet du collége de La Roche, mort le 11 septembre 1788

1773 Jean-François Guigue. *

Nota. L'astérisque indique les chanoines actuels.

1780 Jean-Louis Grillet, professeur de
rhétorique et préfet du collége de Carouge
le 26 avril 1786, élu custode le 15 avril
1789. *

1782 Hierome Pelloux, recteur de Rambod. *

1788 Claude-Joseph Pelloux, régent de
troisième au collége de La Roche. *

1789 Jean-François Suatton, professeur
de rhétorique, préfet du collége de La Roche. *

1789 Pierre-Joseph Hoquiné. * (1).

---

(1) Ce chapitre cessa l'office capitulaire le deuxième dimanche
de carême, 24 février 1793. — *Notes mss de Grillet.*

TABLE CHRONOLOGIQUE

DES

RÉVÉRENDES MÈRES SUPÉRIEURES

DU COUVENT DES DAMES BERNARDINES DE LA RÉFORME
DE SAINT FRANÇOIS DE SALES ET DE LA MÈRE LOUISE-
THÉRÈSE DE BALLON, ÉTABLIES A LA ROCHE LE 18
JUIN 1626.

—

Année des élections
au couvent du Saix.

1629   Anne-Gasparde Perrucard de Ballon.

20 avril 1630   Claudaz-Catherine Dunoyer de Minjoux. Cette supérieure se rendit en 1637 à Toulon, en Provence, où elle fonda un monastère dont elle fut la première supérieure.

19 avril 1637   Jeanne-Claudaz de Limoyon. Elle envoya du couvent de La Roche la révérende sœur Marie-Benigne de Belle-garde et sept autres religieuses fonder en 1638 le couvent d'Annecy; en 1640 elle envoya quatre de ses religieuses fonder eelui de Cuer, en Provence, dont la révé-rende sœur Thérèse-Constance Peguet de Pers fut la première supérieure. En 1646 la révérende sœur Louise-Cécile de la Faverge, du même monastère, fonda

les couvents de Saint-Jean-de-Maurienne et de Fréjus, en Provence, dont les premières religieuses furent tirées du couvent de La Roche.

50 sept. 1648 La révérende mère de Limoyon fut confirmée pour la quatrième fois.

8 sept. 1655 Marie-Louise de Montfalcon, auparavant supérieure du couvent de Rumilly.

7 oct. 1659 Marie-Josette de la Forest, de Rumilly-sous-Cornillon.

16 oct. 1662 Marie-Cécile de Roget.

15 sept. 1668 Louise-Cécile de la Faverge, fondatrice de la maison de Fréjus.

8 sept. 1671 Marie-Cécile de Roget, pour la troisième fois; ce fut le 50 juillet 1670 que les Dames bernardines quittèrent le Saix où elles avaient demeuré 44 ans, pour venir habiter le monastère actuel.

8 sept. 1674 Marie-Gabrielle Mollard.

21 sept. 1677 Marie-Cécile de Roget, pour la quatrième fois.

9 sept. 1680 Louise-Catherine de Thoire.

8 sept. 1683 Marie-Barbe de Gingins-Divone.

15 sept. 1689 Anne-Françoise Dumonal.

8 sept. 1692 Marie-Barbe de Gingins-Divone, pour la seconde fois.

15 sept. 1695 Anne-Françoise Dumonal.

14 sept. 1704 Marie-Bonaventure Michély.

15 sept. 1710 Anne-Françoise Dumonal, morte supérieure pour la cinquième fois.

16 janv. 1715 Marie-Bonaventure Michély.

5 oct. 1722 Anne-Angélique de Thoire.

8 sept. 1725 Marie-Bonaventure Michély : cette supérieure fit achever l'église et le rétable actuel en 1728.

15 sept. 1734 Anne-Angélique de Thoire.

8 sept. 1743 Marie-Agathe de Cluses.

8 sept. 1749 Anne-Angélique de Thoire. En 1753 elle reçut dans son monastère huit sœurs professes et une tourrière du couvent d'Annecy, qui fut supprimé cette année.

26 nov. 1758 Marie-Geneviève de Forax.

8 sept. 1767 Marie-Andréanne Dufrêne.

8 sept. 1770 Marie-Geneviève de Forax.

8 sept. 1779 Françoise-Suzanne Orsier.

8 sept. 1788 Révérende sœur Anne-Jacqueline Cartier, supérieure actuelle (1).

---

(1) Ces religieuses sont sorties de leur couvent le 5 juin 1793. — *Notes mss de Grillet.*

TABLE

DES ARTICLES CONTENUS DANS CETTE HISTOIRE.

FIN DE LA TABLE

LISTE DES PERSONNAGES

QUI ONT ILLUSTRÉ LA ROCHE.

Extrait du *Dictionnaire historique*.

I. FABRI (Pierre), 71ᵉ évêque de Genève ; il était fils de noble Ginod Fabri, seigneur de Bignin dans le pays de Vaud, bourgeois de Genève, et premier syndic de La Roche, en 1340 (1). La maison FABRI, une des plus anciennes du pays (2), tenait le 5ᵉ rang dans la matricule des 25 familles nobles qui avaient droit d'assister au Conseil général de La Roche. Elle y fit construire le vaste édifice en pierre de taille qui porte encore aujourd'hui le nom de *Bignin*, à l'extrémité de la rue de Silence, bâtit dans l'église paroissiale la belle chapelle de sainte Catherine, qu'elle orna d'architecture gothique, et qu'elle dota d'un fief situé autrefois dans la commune de Saint-Jeoire en Faucigny.

(1) Voyez l'*Histoire de la ville de La Roche*, pages 30 et 39.

(2) Genis Fabri fut présent avec Hugues de Viry, l'an 1145, à la donation qu'Amé III, comte de Savoie, fit à l'abbaye de Saint-Sulpice en Bugey. Guichenon, *Preuves*.

Outre *Barnesius Fabri*, chanoine de Genève en
1320, et *Humbert Fabri*, prieur de Sévrier, chanoine de Lausanne, et sacristain de la cathédrale de
Genève, qui mourut le 14 mai 1422, la maison Fabri
de La Roche (1) donna aux ducs de Savoie plusieurs
secrétaires d'Etat. Jean Fabri fut créé secrétaire de
Philippe, comte de Genevois, par lettres-patentes
données à Genève le 11 février 1441. Guillaume
Fabri eut la même charge auprès du duc Amédée
VIII, et continua à exercer cet emploi après l'exal-
tation de ce prince au souverain pontificat. François
Fabri signa à Genève, en 1451, en qualité de secrétaire du duc Louis, le contrat de mariage de la princesse Charlotte de Savoie avec Louis XI, roi de
France.

François Fabri, arrière petit-fils du précédent, et
Jean Fabri, son fils, furent successivement secrétaires
d'Etat sous le duc Emmanuel-Philibert (2). Une
branche de cette ancienne maison qui subsiste, avec
distinction, à Genève, y a occupé les premiers emplois de la magistrature de la république, et a produit plusieurs savants dont M. Senebier parle dans
son *Histoire littéraire*.

(1) Dans le nécrologe de l'église de Genève, on voit la preuve
littérale que la maison Fabri était de La Roche; Barnesius et
Humbert y sont désignés par le nom de leur patrie *de Ruppe*, qua-
lification que tous les autres seigneurs de cette famille prennent
dans les titres de l'hôpital de La Roche, en y ajoutant toujours
celle de bourgeois de Genève.

(2) Voyez le grand Nobiliaire de France, art. Fabry.

L'évêque Pierre Fabri ne siégea que quelques mois à Genève, l'an 1377.

II. FABRI (Adhémar), autrement appelé Adhémar de La Roche, qui fut le 77ᵉ évêque de Genève, était de la même maison que les précédents. Ceux qui n'ont consulté que superficiellement le nécrologe de Genève, en ont fait deux évêques, l'un, Adhémar de *La Roche* qu'ils font vivre dans le xᵉ siècle ; et l'autre, Adhémar Fabri, qui fut pourvu de l'évêché de Genève le 17 juillet 1385. Comme l'unique preuve de l'existence de *Adhémar de La Roche*, évêque de Genève, ne se trouve que dans ce passage de l'obituaire de la cathédrale où on lit : 8 *octobris* : *Item obiit reverendus Pater Dominus* Adhemarus de Ruppe, episcopus Gebennensis, *qui dedit nobis mitram et crossam suam estimatas 44 florenos*, on aurait évité l'erreur dans laquelle on est tombé, si on eut continué à lire quelques lignes plus bas : *Item Dominus Hubertus* Fabri de Ruppe, *canonicus Gebennensis* ejus nepos *dedit nobis in augmentum anniversarii prædicti quinque florenos..... et fiat anniversarium more episcopali cum majoribus cereis*, etc. Or, cet Humbert Fabri, de La Roche, neveu d'Adhémar, dont il est parlé très au long dans le susdit obituaire aux 8 et 10 octobre, 14 et 21 mai, étant mort le 14 mai 1422 (1), il est évident que son oncle, l'évêque Adhé-

---

(1) Voyez le Nécrologe de Genève aux jours indiqués, et surtout au 14 et au 21 mai ; Besson, *Mémoires du diocèse de Genève*, page 40 ; Sénébier, *Histoire littéraire de Genève*, vol. 1, page 105.

mar, de La Roche, était l'évêque Fabri, nommé en juillet 1385, et qu'en conséquence Besson et l'auteur du catalogue des évêques de Genève sont tombés dans l'erreur, lorsqu'ils ont supposé qu'Adhémar de La Roche avait vécu et siégé dans le xe siècle.

L'évêque Adhémar Fabri, de La Roche, dominicain et confesseur du pape Clément VII (Robert de Genève), donna d'abord des preuves de sa vigilance, en obtenant du pape, par bulle donnée à Avignon le 12 des kal. de septembre 1385, la révocation de toutes les aliénations faites depuis 30 ans par ses prédécesseurs, au préjudice de l'église de Genève. Comme prince temporel, il compila les *coutumes, franchises et libertés* de sa ville épiscopale, dans un code divisé en 79 articles, dans lesquels on trouve à peu près les mêmes usages déjà reçus dans les autres villes de Savoie. Ce code des franchises d'Adhémar Fabri, de La Roche, qui était le plus ancien monument de la liberté genevoise, fut publié, du consentement du chapitre, dans l'église de Saint-Pierre, le 23 mai 1387, et approuvé par bulle du pape Félix V, en 1444. Il fut traduit en français, l'an 1455, par Michel de Monthyon, et imprimé en caractères gothiques, à Genève chez Belot, en 1507.

Adhémar Fabri n'occupa que trois ans le siége de Genève, et mourut en 1388, année où le pape venait de le nommer cardinal (1).

_____

(1) Son nom a été donné récemment à une des rues de la ville de Genève. — A. P.

III. DE VÈGE (Guillaume), prélat domestique du pape Clément VII (Médicis), était déjà chanoine, official et vicaire général de Genève, lorsqu'il fut nommé, en 1520, plébain de La Roche, sa patrie. Il y empêcha, par sa prudence et par sa douceur, que la sédition de 1530, dont j'ai parlé plus haut, n'eût des suites fâcheuses pour la religion catholique; il transigea avec les syndics sur le droit de *spoglio* qui avait servi de prétexte aux mal intentionnés, et fit rebâtir l'église paroissiale et le presbytère des plébains que les insurgés avaient incendiés. Aussi ferme à Genève qu'à La Roche, il fit comparaître devant son tribunal, Farel, lorsqu'il vint, pour la première fois, prêcher la réforme dans Genève; il le bannit de cette ville, où son autorité était tellement respectée, que les Bernois n'osèrent s'opposer à l'exécution de son décret. Accablé de vieillesse et d'infirmités, il se retira à La Roche, où il mourut le 17 janvier 1535; il fut enseveli dans la chapelle de N.-D. de Grâce qu'il avait fait bâtir, et on plaça, le 7 mai 1547, l'épitaphe suivante, sur son tombeau :

Depositum Guillelmi de Vegio
17 januarii 1535,
7 maii . . . . 1547 ;
Inveni portum
Spes et fortuna valete,
Nil mihi vobiscum,
Ludite nunc alios.
V. B.

IV. DE VÈGE (Pierre), médecin, de la même famille que le précédent, publia les ouvrages suivants :

1° *Pax fidissima et probatissima methodicorum, seu Galenicorum, cum sparigisis de medicinœ purâ veritate. Huic accessit gemmata de epilepsiœ, podagrœ hydropis et leprœ curatione, cum medicamentorum descriptione.*

2° *Pestis prœcavendœ et curendœ methodus certissima* (1).

V. DE LAMBERT (Pierre), évêque de Caserte, fondateur de la collégiale de La Roche, naquit à Chambéry, et fut pourvu de bonne heure d'un canonicat à la cathédrale de Genève ; il se rendit à Rome, avec ses frères les évêques de Nice et de Maurienne, pour y achever ses études.

Le pape Clément VII (Médicis), informé de son mérite, de ses talents et de l'étendue de ses connaissances, le nomma successivement premier abréviateur de la daterie apostolique, référendaire des deux signatures, préfet de la Rote, et le pourvut, par bulle du 10 février 1533, de l'évêché de Caserte dans le royaume de Naples. A l'exemple de ses illustres frères, il consacra l'immense fortune qu'il fit à Rome, à des établissements utiles à l'Eglise et à sa patrie ; il dota le doyenné de la cathédrale de Caserte, fit

(1) Voyez Chieza, *Scrittori Savojardi*, page 140 ; Rossotto, *Sylabus scriptorum Pedemontii*, page 219.

bâtir à Annecy l'église qui y a servi au chapitre de Genève pour y célébrer l'office divin, dès l'an 1540 jusqu'au mois de février 1793.

Il fit également réparer plusieurs églises de Genève, et surtout celle de religieuses de Sainte-Claire; ayant été pourvu de la plébainie de La Roche, en 1535, il obtint du pape Paul III l'érection de cette église en collégiale insigne, par bulle du 7 des kal. de février 1536. Ayant, par commission du Saint-Siége, fait la translation de l'évêché de Magdelone à Montpellier, il se retira de nouveau à Rome, où il mourut l'an 1541. Il fut enseveli dans la basilique de Sainte-Marie-majeure, dans laquelle on lui érigea un mausolée en marbre, sur lequel furent placées sa statue, ses armoiries et l'épitaphe suivante :

PETRO LAMBERTO ALLOBROGI,
Præsuli Casertano :
Vitæ innocentissimæ. . . . . viro,
Principalibus libellis litterarum, referendis, formandis
Et castigandis præposito ;
Curiæ majoris justitiæ præfecto.
De omnibus benè merito.

Voyez Ughelli, Italia sacra, *vol. VI, page 511, édition de la Bibliothèque du palais Corsini à Rome.*

VI. SAILLET (Pierre), notaire et commissaire impérial dans les provinces du Genevois et du Faucigny, s'adonna pendant sa jeunesse, à recueillir dans les archives des principales Maisons du pays tous les titres qui en pouvaient éclaircir l'histoire. Pendant qu'il était secrétaire du Conseil de La Roche, sa patrie, il composa :

1° *Chronique de la ville de La Roche, contenant l'histoire et la généalogie des 25 Maisons nobles qui l'ont habitée, le tout justifié par les titres de leurs archives,* Mss. in-4°., 1559.

Cet ouvrage passa entre les mains de Charles-Auguste de Sales qui s'en servit pour la rédaction de son *Pourpris historique.*

2° *Invective d'un gentilhomme savoisien contre Vincent Corda,* Lyon 1575.

VII. D'ANGEVILLE (Claude) était d'une famille originaire du Bassigny, établie à la Roche depuis l'an 1440, que Rolet d'Angeville, écuyer de Louis, duc de Savoie, vint y épouser Jacquemine de Lucinge d'Arenthon. Claude d'Angeville fut chanoine, vicaire général, official de Genève et primicier de la collégiale de La Roche, sa patrie, en 1568. Ce fut un de ces hommes rares et extraordinaires dont la Providence se servit, pour seconder D. Claude de Granier et saint François de Sales, évêques de Genève, lorsqu'ils rétablirent la religion catholique dans le Chablais, et qu'ils obligèrent les ecclésiastiques de leur diocèse à observer la discipline prescrite par le concile de Trente. Ce primicier, pourvu du prieuré de Douvaine et du décanat de Vuillonez, rétablit par ses prédications et par sa prudence, le culte ancien dans

les paroisses dont la direction lui avait été confiée ;
Charles-Emmanuel Ier le chargea, en 1600, de présider, avec l'avocat-fiscal Marin, à la réédification des
presbytères et de toutes les églises du Chablais. Il
mourut à la Roche, l'an 1627, âgé de 89 ans ; il fut
considéré comme un des plus illustres personnages
de son temps ; et Guichenon, dans la continuation
de la 3e partie de son *Histoire de Bresse*, page 8, le
qualifie d'*homme de grande érudition*. Il nous reste
du primicier d'Angeville :

1° *Procès-verbal de l'enquête faite par saint François de Sales, par le primicier Claude d'Angeville et
par noble Claude Marin, procureur fiscal du Chablais,
sur l'état des églises et des revenus ecclésiastiques des
bailliages de Ternier, Gaillard et Chablais, ensuite
des lettres-patentes de Charles-Emmanuel Ier, du 5
octobre 1598, Mss in-4°.*

On trouve dans cet ouvrage, rédigé par Claude
d'Angeville, l'origine des paroisses et de tous les
établissements religieux du Chablais et des bailliages,
leur union à d'autres bénéfices, la manière dont la
réforme y fut introduite et l'état dans lequel les Bernois laissèrent ces contrées, lorsqu'ils les restituèrent
à la Maison de Savoie.

2° *Mémoires historiques sur les événements les plus
remarquables arrivés dans le diocèse de Genève, depuis
l'an 1560 à 1627, Mss in-4°.*

3° *Vie de Péronne Bouthey, de La Roche, morte en*

12

odeur de sainteté, le 15 juin 1606, et dédié à saint François de Sales, Mss in-4°.

4° *Valeur des monnaies de France et de Savoie, comparée avec le prix du blé, dès l'an 1300 jusqu'en 1614* (1).

VIII. D'ANGEVILLE (Christophe), seigneur du vidomat des Bornes, d'Epagny, de Chêney, etc., était de la même famille que le précédent ; il s'adonna à la jurisprudence, et fut nommé collatéral du Conseil de Genevois par Jacques de Savoie, duc de Némours. Ce prince le nomma ensuite son ambassadeur auprès des cantons de Berne, de Lucerne, de Soleure et de Fribourg avec lesquels il renouvella les anciennes alliances de la Maison de Genevois, par traité de l'an 1556. Sa négociation préserva les provinces de Genevois et du Faucigny des malheurs de la guerre qui désolait, dans ce temps, les autres parties de la Savoie ; le duc, pour récompenser ses services, le nomma, le 16 juillet 1561, président du conseil de Genevois.

Ses frères Claude et Bernard d'Angeville, chevaliers de Saint-Jean de Jérusalem, se distinguèrent sous le grand-maître de la Valette, dans la défense de l'île de Malte contre les Turcs.

Christophe d'Angeville eut de Bernardine de Beaufort son épouse, Marin d'Angeville, seigneur de Mestral, qui, de son alliance avec dame Françoise

(1) Extrait des archives de l'église de La Roche et des ouvrages de Charles-Auguste de Sales.

Lambert d'Arbusigny, eut Jérôme d'Angeville, colonel d'un régiment d'infanterie, mort gouverneur de Verceil et maréchal des camps et des armées du duc de Savoie. La maison d'Angeville, de La Roche, s'étant éteinte sur la fin du xviiᵉ siècle, il ne reste de cette illustre famille que la branche qui subsiste en Bugey. Guichenon a donné l'histoire généalogique des seigneurs d'Angeville, mais elle est très inexacte et pleine d'anacronismes.

IX. MARQUET (Pierre), professeur et préfet des études au collége de La Roche, fut choisi par le Conseil de cette ville pour organiser l'instruction publique dans cette ville, en 1602. Cette instruction ayant été interrompue pendant les guerres de la Savoie avec Genève et les Bernois, le professeur Marquet saisit l'occasion de l'ouverture du collége, après la paix de Saint-Julien, pour exciter l'émulation de de la jeunesse qui lui était confiée, en lui présentant, dans un discours latin, l'exemple et les succès de saint François de Sales, de Guillaume Fichet, recteur de l'Université de Paris, des Pères Favre et Le Jaï, jésuites, qui tous quatre avaient fait leurs premières études dans les anciennes écoles de La Roche. Son discours est intitulé :

Oratio habita sacris in œdibus Gymnasii Rupensis, die quartâ novembris 1603.

Il y en avait une copie dans les archives du château de Sales, en 1791.

X. ROMEVILLE (N.). V. l'*Histoire de La Roche*, page 102 à 110.

XI. HOQUINÉ (Louis), docteur de Sorbonne et chanoine de la cathédrale de Genève. Il naquit à La Roche, environ l'an 1688, d'une famille établie depuis longtemps dans cette ville; il y fit ses premières études sous les jésuites; il se distingua ensuite dans le collége d'Annecy, où le Père Maurice Rossillon, barnabite, lui fit soutenir des thèses sur les principales questions de la philosophie, que présidèrent, le 11 août 1704, au nom de leur chapitre, le primicier de Lucinge et le chanoine Raphy. S'étant rendu à Paris pour étudier la théologie, il y devint un des plus célèbres docteurs de son temps; après qu'il eut été reçu en Sorbonne, l'évêque de Châlons, frère du cardinal de Noailles, le choisit pour vicaire général de son diocèse. Il se fit remarquer dans l'exercice de cette charge jusqu'en 1720, que Mgr de Bernex l'ayant rappelé dans le diocèse, lui conféra un canonicat de sa cathédrale et la cure de Saint-Julien près de Genève. Il débuta dans les disputes polémiques par soutenir le miracle opéré à Paris sur Anne La Fosse, publié comme authentique par l'archevêque de Paris, et vivement attaqué par les protestants. Le pasteur Jacob Vernet, de Genève, répondit aux premières lettres que le docteur Hoquiné avait publiées à ce sujet, et donna lieu entre ces deux théologiens de communions différentes, à une discussion très savante et très profonde sur les miracles en général et sur celui de l'Eucharistie en particulier ; les lettres qui la contiennent furent imprimées à Genève, en 1725 et en 1729.

Victor-Amé II, qui regardait le chanoine Hoquiné comme l'ecclésiastique le plus éclairé de ses Etats, l'appela à Turin, pour qu'il eût à conférer avec ses ministres, sur les changements qu'il se proposait d'introduire dans l'Université de sa capitale. Le plan que M. Hoquiné proposa fut adopté, et il fut chargé de rédiger les constitutions de la même Université, qui furent publiées en 1729. Le marquis d'Orméa se servit également de sa plume énergique et savante pour défendre le concordat qui avait été signé, l'an 1727, entre le Saint-Siége et le roi de Sardaigne. Pour récompenser le mérite et les services du chanoine Hoquiné, le roi Victor-Amé II l'avait destiné à l'évêché d'Aoste, lorsqu'il mourut en 1730.

Les rédacteurs de la *Bibliothèque germanique*, en parlant des ouvrages polémiques du chanoine Hoquiné, le qualifièrent de *savant et d'homme d'esprit qui écrivait avec beaucoup de facilité, et dont les productions se faisaient lire avec plaisir.* Dans le tome XX, page 206 du même ouvrage périodique, est insérée une lettre de Genève de l'an 1730, qui contient les plus grands détails sur le nom, les études, la patrie et les qualités personnelles de ce docteur savoisien ; sur ses entrevues et ses conversations familières avec le pasteur Vernet, son adversaire, qui ne cessait de faire les éloges de son honnêteté, et qui admirait autant l'aménité de son caractère, qu'il était étonné de sa vaste érudition.

Les ouvrages de M. Hoquiné qui ont été publiés, sont :

1° *Lettres polémiques sur le miracle opéré à Paris, en faveur d'Anne La Fosse, et controverses, à ce sujet, avec le pasteur Jacob Vernet,* 2 vol. in-8°, Genève chez Bosquet, 1725, 1726 et 1729.

2° *Costituzioni di S. M. il re de Sardegna, per l'Università di Torino e per le scuole pubbliche de suoi stati ;* en français et en italien, vol. in-4°, Turin 1729.

3° *Défense du concordat entre le Saint-Siége et la Cour de Turin, signé en* 1727, vol. in-4°, Turin 1730 (1).

XII. VITTUPIER (François), fut le premier professeur de rhétorique et le premier préfet du collége de La Roche, en 1712, après que les jésuites dont il était l'élève se furent retirés de cette ville. Chanoine de la collégiale de sa patrie en 1718, le roi Victor-Amé II le choisit, en 1729, pour enseigner la philosophie dans le collége d'Annecy, où l'on venait de substituer des prêtres séculiers aux Pères barnabites. Pourvu de la cure de Confignon en 1733, archiprê-

(1) Voyez la *Bibliothèque germanique,* tom. XIX, page 209; tom. XX, page 205; le *Journal helvétique,* novembre 1744, page 415; l'*Histoire littéraire de Genève,* art. Jacob Vernet, vol. III, page 25.

tre du bailliage de Ternier en 1764, M. Vittupier ne s'occupa plus que du saint ministère et de la directions des âmes.

Il traduisit en latin :

Le Dictionnaire des cas de conscience de Pontas, 3 vol. in-fol., dont la première édition se fit à Genève.

Il y ajouta des notes pour expliquer ou rectifier quelques décisions de l'auteur (1).

M. Vittupier mourut le 14 octobre 1765.

XIII. PUTHOD (Jean), bachelier de Sorbonne, était fils d'une sœur du docteur Hoquiné dont j'ai parlé ci-dessus. Il fit ses études à Paris, et y enseigna les premiers éléments de la langue grecque à M. l'abbé Guénée, professeur de rhétorique au collége du Plessis, si connu par ses *Lettres de quelques Juifs portugais* à M. de Voltaire. Ayant été nommé chanoine de La Roche sa patrie, en 1733, le premier syndic Gilbert de Mesmes de Loisinge le fit nommer premier professeur de philosophie au collége de cette ville, où il enseigna jusqu'en 1746 qu'il fut élu archidiacre du chapitre de La Roche. L'année suivante, Mgr de Chaumont, évêque de Genève, l'appela à Annecy, où il lui conféra un canonicat à la cathédrale, et le nomma procureur fiscal épiscopal et promoteur du diocèse de Genève; il en était vicaire général à sa mort, arrivée l'an 1791. La douceur de son caractère,

(1) Voyez les *Suppléments au Dictionnaire de Moréry*.

ses vertus modestes, ses manières prévenantes et son affabilité lui concilièrent la bienveillance universelle, et lui méritèrent surtout la confiance de NN^{grs} de Chaumont, Biord et Paget. M. Puthod qui, pendant sa vie, prodigua ses soins et ses bons offices aux ecclésiastiques de sa patrie, consacra une partie de sa fortune en fondations pieuses, et chargea de leur exécution son cousin, M. Louis Hoquiné, chanoine de la cathédrale de Genève, secrétaire du clergé et curé de Sales.

M. Puthod est auteur de l'Ode latine composée à l'occasion du mariage de Charles-Emmanuel III, roi de Sardaigne, avec la princesse Elisabeth de Lorraine, publiée à Paris en 1737. Jean-Jacques Rousseau la traduisit et on la trouve dans le tome XIII de la collection de ses œuvres; elle est intitulée :

In nuptias Carolis Emmanuëlis, invictissimi Sardiniæ regis, ducis Sabaudiæ, etc., et reginæ augustissimæ à Lotharingiá, Ode. Parisiis 1737, in-4°.

XIV. DE BENEVIX (Jean-Marie), chanoine de la cathédrale de Genève, prieur de Sainte-Marie d'Allondaz dans le diocèse de Tarentaise, successivement curé de Feigères et de Thairy, fut élu primicier de La Roche, sa patrie, en 1748, et mourut en 1752. On a de lui :

Oraison funèbre de Michel-Gabriel de Rossillon de Bernex, évêque et prince de Genève, prononcée devant l'assemblée générale du clergé du diocèse, le 26 *avril* 1736, imprimée à Annecy, in-4° (1).

XV. MONTRÉAL (François), né le 7 juin 1756, reçu docteur ès droits dans l'Université de Turin, le 23 mai 1780, substitut de l'avocat général des pauvres du Sénat de Savoie le 13 mai 1785, actuellement juge de paix du canton de La Roche, sa patrie, s'est occupé depuis nombre d'années à rassembler une bibliothèque savoisienne qui contient près de 549 ouvrages d'auteurs nés en Savoie. Il a réuni en deux vol. in-folio plusieurs *Notices bibliographiques et biographiques* relatives à l'histoire littéraire du pays, qu'il a eu la générosité de me communiquer et qui souvent m'ont été très utiles.

———————

Il n'a pas paru convenable de donner des notices sur les personnages distingués de La Roche, qui sont postérieurs à l'*Histoire* de Grillet. Sans ce motif, nous aurions cité avec plaisir MM. de Cholex, ministre ; Vaullet, orateur et savant ; Puget, poète ; etc., etc. — A. P.

———————

(1) Voyez la *Bibliothèque de la Suisse,* par M. Von-Haller, t. III, page 302.

NOTES SUPPLÉMENTAIRES.

—

CHEVALIERS-TIREURS.

Ils ont été organisés en 1464 par lettres-patentes du 25 octobre, confirmées par Victor-Amédée III, le 12 juillet 1774. Dissoute en 1792, la Compagnie s'est réorganisée en 1798 et a existé jusqu'en 1848. Les capitaines ont été MM. de Sauvage, de Fillinges, de Thoire Louis, de Thoire Philibert, Dufour Claude-André et Arestan Joseph-Auguste.

SAPEURS-POMPIERS.

La Compagnie des sapeurs-pompiers actuelle a succédé, comme garde urbaine, à la Compagnie des arquebusiers créée le 25 octobre 1464, par Janus de Savoie, et confirmée par Victor-Amédée III le 12 juillet 1774. La Compagnie fut dissoute en 1792 et rétablie en 1798. Ce ne fut qu'en 1841, par délibération du 20 mai, approuvée par le gouverneur du duché, que le service des pompes lui fut confié. La pompe dite *campagnarde* a été acquise vers la fin du dernier siècle : l'autre, dite *aspirante*, a été acquise en 1837, et a coûté 1,970 francs.

Les commandants et capitaines de pompiers ont

été MM. Taron, Arestan Joseph-Henri, de Chissé
François, de Polinge François, Pelloux Joseph, Longet François et Dufour Rodolphe.

GARDE NATIONALE.

Créée en 1848 et dissoute en 1860, elle a eu pour
capitaines MM. Laffin Charles, Tappaz Joseph et
Suchard Jean-Marie.

CORPS DE MUSIQUE.

Il a été organisé en 1828 par M. Hocquiné Jean-
Pierre, son premier chef. Ce corps a pris part aux
concours du Faucigny, fondés en 1833 par M. Curt,
de Cluses, et dont l'arène a été notre ville en 1834,
1838, 1846 et 1852. Outre M. Hocquiné, il a eu pour
chef MM. Millon Jean, Arestan Auguste, Bévillard
Jean-Claude et Puget Alfred.

FÊTES DU PAPEGAY.

Ces fêtes, qui étaient en grand honneur chez nos
ancêtres, ont disparu : c'est donc le cas de les rappe-
ler par quelques détails. Fondées à la même époque
que les Compagnies des chevaliers-tireurs et des arquebusiers, c'est-à-dire en 1464, elles avaient un
double but : l'exercice du tir et les plaisirs de la danse
et des jeux. Chaque année, la fête commençait le jour
de la Trinité et ne finissait que le dimanche suivant.
Charles-Emmanuel Ier avait, par un édit, exempté
de tous impôts les bourgeois qui abattaient l'oiseau
trois ans de suite.

Le concours des étrangers était considérable; c'é-
tait un va-et-vient continuel de Genève et autres
localités environnantes à La Roche, et *vice versâ.*

Dans les premiers temps, le plus habile tireur, du
moins celui qui abattait le *papegay,* était proclamé
roi de la fête, et sa *royauté* durait huit jours. On en
a vu de plus réelles qui ont été plus éphémères.

Ces fêtes, qui étaient une source de joie et en
même temps une source de prospérité pour notre
ville, étant probablement à jamais supprimées, nous
leur donnons un dernier souvenir en publiant la liste
des *rois* depuis 1802, par ordre chronologique :

MM. Lavillat, Taron, Desbiolles Marie, de Chissé
François, Pelloux, avocat, de Polinge, Coupellon,
Guillat, Laffin Jacques, Jourdan, Arestan Henri,
Vittupier Jean, Signoud Jean-Claude, de Thoire Phi-
libert, Dufour Claude-André, Bally, Lambert Ber-
nard, Arestan Joseph-Auguste, Rogès Claude, Millon
Jean, Roch Claude, Pelloux Joseph (1836) ; Laphin
Jean-Marie, Pelloux Jérôme, notaire, Dompmartin
Jean-Claude et Liermier Jean (1845).

SOCIÉTÉ PHILANTHROPIQUE.

La Société philanthropique de La Roche a été fondée le 23 mai 1858 par une délibération des membres
fondateurs. Le premier président a été M. Thonin
François. Cette association n'a fait que prospérer
depuis sa création.

INSTRUCTION PUBLIQUE.

Les frères de la Doctrine Chrétienne ont été chargés de l'instruction primaire des garçons dès 1834, au mois de janvier. Les sœurs de Saint-Vincent de Paul ont fondé en 1838 leur maison de La Roche, qui est aujourd'hui la maison-mère pour la France ; elles ont été chargées de l'instruction primaire des filles. Il y a, en outre, depuis longtemps des instituteurs spéciaux dans les hameaux.

CURÉS.

Du 23 avril 1797 au 4 octobre 1803, la paroisse a été administrée par les anciens chanoines de la collégiale. Depuis le 4 octobre 1803, jusqu'en 1825, le curé de La Roche a été M. Amblet. M. Gindre, curé actuel, pasteur distingué par son esprit de dignité et de modération, dirige la paroisse depuis 1825.

MAIRES.

Les maires et syndics de La Roche ont été : sous la République, MM. Bally et Taron ; sous le premier Empire, MM. Plantard, de Polinge et de Sauvage père ; pendant les Cent jours, M. Arestan Joseph-Auguste ; depuis 1814 jusqu'en 1860, MM. de Thoire Louis, de Thoire Philibert, Arestan Joseph-Auguste, Hocquiné Jean-Pierre, Pinget Xavier, docteur-médecin, Millon Jean, Dufour Rodolphe et enfin Pelloux Joseph, qui était syndic au moment de l'annexion (14 juin 1860), époque où il a été nommé maire.

(M. Pelloux a représenté deux fois le collége élec-
toral de Bonneville au parlement sarde, entre autres,
en 1860, époque à laquelle il a été élu par le parti
annexioniste français, en opposition au candidat annexioniste suisse.)

PASSAGES DE SOUVERAINS.

La Roche a été visitée : par le roi Victor-Emma-
nuel Ier, en 1816 ; par le roi Charles-Félix, en 1824 ;
par le roi Charles-Albert, en 1834 ; par le roi Vic-
tor-Emmanuel II, en 1850; par l'Empereur Napo-
léon III, accompagné de l'Impératrice, en 1860.

RENSEIGNEMENTS DIVERS.

La halle aux blés, dite Grenette, date de 1832.

La place de l'Hôtel-de-Ville a été commencée en
1832, ainsi que les promenades.

La Roche a un éclairage public dès l'année 1834.

L'Hôtel-de-Ville a été commencé en 1840 et inau-
guré par une fête brillante en 1845.

Le nouveau cimetière a été béni en 1860.

Les nouvelles orgues ont été inaugurées le 15 août
1860.

En terminant nous ne pouvons nous empêcher de
protester contre le nom de La Roche *sur Foron* qui
nous a été imposé par le Dictionnaire des Postes,
sans nous consulter.

Pour cela, nous avons deux motifs : le premier est que La Roche s'appelait La Roche *en Faucigny* depuis 1813, époque où elle a été incorporée à cette province : si ce nom n'a pas été consacré par un décret, il l'a été par l'usage, et puisqu'il faut distinguer La Roche des localités qui portent le même nom, nous ne nous hasardons pas en disant que les habitants de La Roche préfèrent et préféreront toujours le nom de La Roche en Faucigny.

Le second motif est que ces mots *sur Foron* sont aussi peu distinctifs que si l'on disait La Roche *sur rivière,* ou la Roche *sur torrent.* Le mot *foron,* néologisme aussi vieux que nos provinces, n'est pas un *nom propre,* mais un *nom commun;* il ne désigne pas un torrent *seul,* puisqu'il y a en Faucigny une dizaine de *Forons :* il vient du latin *forare* et signifie une rivière qui a dû *forer* son lit dans les rochers : donc, il ne peut être considéré comme le nom spécial de la rivière qui arrose nos murs et ne peut ainsi désigner spécialement notre ville. Si l'on dit : Arcis-sur-Aube, Nogent-sur-Seine, Neuville-sur-Ain, ou Contamine-sur-Arve, c'est que les mots *Aube, Seine, Ain* et *Arve* indiquent des rivières connues spécialement sous ces noms-là. Le cas ne se présentant pas ici, il n'y avait pas lieu de nous enlever un nom auquel nous sommes affectionnés, pour nous en donner un autre qui n'a aucune raison d'être. — A. P.

FIN.

TABLE DES MATIÈRES.

—

ARMOIRIES DE LA VILLE DE LA ROCHE.

ARMOIRIES DE L'ÉGLISE DE LA ROCHE

www.ingramcontent.com/pod-product-compliance
Lightning Source LLC
Chambersburg PA
CBHW071958090426

42740CB00011B/1998